Chu
Die weibliche Kunst des Krieges

Chin-Ning Chu

Die weibliche Kunst des Krieges

Fernöstliche Erfolgsstrategien für Frauen

Aus dem Englischen von Gudrun Wolfrath

Die Originalausgabe erschien 2001 unter dem Titel
Working Woman's Art of War
bei AMC Publishing, Antioch/USA

Zur besseren Verdeutlichung hat die Autorin in den Übersetzungen der Texte Sun Tsus stets die weibliche Form gewählt, obwohl dies nicht exakt dem Original entspricht.

Die Deutsche Bibliothek – CIP-Einheitsaufnahme
Chu, Shin-Ning::
Die weibliche Kunst des Krieges :
fernöstliche Erfolgsstrategien für Frauen / Chin-Ning Chu.
Aus dem Engl. von Gudrun Wolfrath. – Kreuzlingen ; München :
Hugendubel, 2002
(Ariston)
Einheitssacht.: Working woman's art of war <dt.>
ISBN 3-7205-2349-7

© by Chin-Ning Chu, 2001
© der deutschsprachigen Ausgabe Heinrich Hugendubel Verlag,
Kreuzlingen/München 2002
Alle Rechte vorbehalten

Umschlaggestaltung: Eisele Grafik Design, München
Produktion: Maximiliane Seidl
Satz: EDV-Fotosatz Huber / Verlagsservice G. Pfeifer, Germering
Druck und Bindung: GGP Media, Pößneck
Printed in Germany
ISBN 3-7205-2349-7

Inhalt

Siegen mit der Kunst des Krieges 7

I. Tao – rechtes Handeln 15
   Das Tao der Strategie 16
   Wer sagt, dass es in Ordnung ist, Frauen
     herabzusetzen? 25
   Nike-Schuhe, Glaspantoffeln und Kampfstiefel 36
   Mit mehr Tao zu mehr Erfolg 50

II. Tien – Timing 59
   Das 21. Jahrhundert gehört den Frauen 60
   Weibliche Fähigkeiten mit einem neuen Image
     verkaufen 66
   Wie Sie Ihr Timing verbessern 77

III. Di – Erde 85
   Aus der Not eine Tugend machen 86
   Aus einem Tief neue Kraft schöpfen 97
   Die Wut über sexuelle Belästigung konstruktiv
     umsetzen 104
   Nutzen Sie Ihre sinnliche Ausstrahlung zu Ihrem
     Vorteil 112
   Vergessen Sie über dem Inhalt die
     Verpackung nicht 119
   Weibliche und männliche Energien nutzen 127
   Wie Sie eine mächtige Frau werden 139

IV. JIANG – Führerschaft 153
   Eine gute Mutter, eine gute Führungskraft 154
   Ohne Selbsterkenntnis können Sie keine Menschen
   führen 167
   Erkennen Sie Ihre Mitmenschen 177

V. FA – Management 185
   Sorgen Sie für stete Einnahmen 186
   Ihre Angestellten und Kinder führen 193
   Widmen Sie sich Ihrer Familie und Karriere 205
   Ihre Beförderung 212
   Mit Neid am Arbeitsplatz fertig werden 226
   Sechs Wege, einer Niederlage zu entgehen 235
   Siegen ohne Konfrontation: die Kampfstrategie
   des neuen Feminismus 243

Wo Himmel und Erde aufeinander treffen 251

Chin-Ning Chus Biographie 257

Siegen mit der Kunst des Krieges

Bevor ein Krieg geführt wird,
müssen die fünf wesentlichen Prinzipien,
die über den Erfolg entscheiden, ergründet werden.
Erst dann ist eine richtige Beurteilung möglich.

TAO (rechtes Handeln)
TIEN (Timing)
DI (Erde)
JIANG (Führerschaft)
FA (Management)

Sun Tsu (1.2)

Wie gut Männer Frauen auch zu kennen glauben, nur eine Frau weiß, wie schwierig es ist, eine Frau zu sein. Abgesehen von unserer vielschichtigen seelischen und körperlichen Struktur sind wir als berufstätige Frauen zugleich die Ernährerinnen, die für die eigene Familie die vielfältige Rolle der Ehefrau, Mutter, Köchin, Hausmeisterin, Krisenmanagerin, Buchhalterin, Buchsachverständigen, Lehrerin, Wäscherin, Gärtnerin, Chauffeurin, Heilerin, Psychiaterin, Ärztin, Geschirrspülerin und Müllfrau spielen. Im letzten Jahrhundert bekamen wir von allen Seiten zu hören, dass eine Frau nicht alles haben könne, was sie sich wünscht, dass wir uns beim Verfolgen all unserer Ziele körperlich überanstrengen und geistig überfordern würden. Um in dieser von Männern beherrschten Welt mithalten zu können, mussten wir Frauen schon immer im Beruf doppelt so viel leisten wie Männer in einer vergleichbaren Position, während unsere Bezahlung um ein Drittel niedriger ausfiel.

Die Zeiten ändern sich. Nachdem im letzten Jahrhundert der Geschlechterkampf getobt hat, ruht heute jede Frau mehr denn je in sich selbst. Im Gegensatz zu ihren Müttern sind die meisten Frauen heute sehr lebenshungrig – und auch gewillt, diesem Hunger Ausdruck zu verleihen.

Vor kurzem war ich in Sydney, Australien, wo mir eine Reklametafel für eine Stellenvermittlungsagentur ins Auge fiel. Darauf stand: »Zuvor wollte ich einen Millionär nur heiraten. Jetzt möchte ich selbst Millionärin werden.« Diese Haltung findet sich nicht nur in Australien und den Vereinigten Staaten wieder, sie ist zu einem internationalen Phänomen geworden – ein weltweiter Frauenverbund, der sich über kulturelle und nationale Grenzen hinwegsetzt.

Dieses Buch richtet sich nicht gegen Männer. Wir lieben Männer. Ich selbst bin vielen Männern zu großem Dank verpflichtet, die mir im Verlauf meiner Karriere die nötige Unterstützung gewährten, und das nur, weil sie meine Arbeit aufrichtig zu schätzen wussten. In diesem Buch werden wir Strategien kennen lernen, die jede Frau bei der vollkommenen Würdigung ihres weiblichen Bewusstseins unterstützen, während wir die uneingeschränkte Freiheit erlangen, uns auf unsere persönlichen und beruflichen Höhen emporzuschwingen.

Es ist allgemein bekannt, dass sich unsere männlichen Ebenbilder bei der Vorstellung von Krieg und Schlachtgetümmel ebenso wohl fühlen wie Fische im Wasser. Jahrtausendelang haben Männer die Schlachten des Lebens geschlagen. Das männliche Gehirn wurde entwicklungsgeschichtlich darauf getrimmt, wie ein Krieger zu denken.

In der westlichen Welt denken wir bei Krieg an gegnerische Truppen, die entsandt werden, um aufeinander einzuschlagen. Am Ende der Schlacht zählen wir dann die Toten, und den Sieg trägt die Truppe mit den meisten noch einigermaßen unversehrt gebliebenen Soldaten davon. Bei dem Begriff ›Kunst des Krieges‹ denken wir an Schlachten, Verwundete und Brutalität.

Dagegen geht es bei der chinesischen Vorstellung von der Kunst des Krieges, die vor 3 500 Jahren entstand, nicht um Krieg, sondern vielmehr um eine Reihe von Strategien, Frieden und Sieg möglichst mühelos zu erringen, also geistige Manövertaktiken, das gewünschte Resultat mit möglichst geringem Aufwand zu erzielen.

Diese Strategien der Kriegskunst passen hervorragend zu den größten natürlichen Stärken der Frauen. Jahrtausendelang haben Frauen in von Männern beherrschten Gesellschaften gelernt, wie vorteilhaft es ist, unterwürfig zu erscheinen, wenn frau siegen will. Wir belassen Männer in dem Glauben, alles unter Kontrolle zu haben, während wir in Wirklichkeit unseren Willen bekommen, indem wir vorgeben, mit ihnen einer Meinung zu sein. Von jeher haben Frauen intuitiv einige der chinesischen Strategien der Kriegskunst angewandt, wenn es darum ging, geschickt mit

Ehemännern, Liebhabern, Kindern, Vorgesetzten, Freunden, Kunden und Klienten zu verhandeln. Wir wussten nur nicht, dass wir im Grunde verkappte Strateginnen waren. Nun ist es an der Zeit, dass wir das ganze Spektrum der Kriegskunst erlernen. Von all den altüberlieferten Abhandlungen über Strategie – und davon gab es viele – ist das um 460 v. Chr. von Sun Tsu verfasste Traktat *Die Kunst des Krieges* im heutigen Geschäftsleben am gefragtesten. Ich habe mich für diese Schrift, die einst das Schicksal ganzer Völker bestimmte, entschieden, damit ich Frauen anleiten kann, einige der darin enthaltenen wirksamen Strategien anzuwenden, um ihre Schlachten zu gewinnen: den Kampf um die Gleichbehandlung der Geschlechter, den Kampf um persönliche Anerkennung, die Abschaffung von Vorurteilen am Arbeitsplatz, den erfolgreichen Umgang mit der Doppelbelastung sowie das Management zu Hause und im Büro. Sun Tsus Traktat *Die Kunst des Krieges* habe ich nicht nur ausgewählt, weil es sehr bekannt ist, sondern auch, weil es höchst überzeugend ist und eine außergewöhnliche Erfolgsgeschichte aufweist.

Die Geschichte beweist, dass die Kunst des Krieges ein Erfolg ist.
Sun Tsu war kein Soldat, als er seine Abhandlung über die Kunst des Krieges schrieb. Er war von Beruf Bauer und Philosoph. Er verfasste das *Sun Tzu Bing fa* (*Bing* bedeutet Soldat, *fa* Geschicklichkeit) als Lebenslauf, in der Hoffnung, als Militärbefehlshaber für König Wu arbeiten zu können. Nachdem König Wu ihn in seine Dienste genommen hatte, stellte Sun Tsu sein Strategietraktat auf die Probe. Während einer Schlacht besiegte Sun Tsu mit einer Armee von nur 30 000 Mann das Königreich Zhou, das über ein Truppenkontingent von 300 000 Mann verfügte. Sun Tsu stellte im Jahre 482 v. Chr., 20 Jahre, nachdem er in König Wus Dienst getreten war, die Überlegenheit seiner Strategien unter Beweis, als er die zwölf chinesischen Völker besiegte, wodurch sein militärisch unterlegener Arbeitgeber zum größten herrschenden Machthaber in China wurde. (Für westliche Ohren

mögen 20 Jahre eine lange Zeit sein. Bedenken Sie jedoch, dass Sun Tsu inmitten eines chinesischen Bürgerkrieges diente, der nahezu 600 Jahre andauern sollte; im Vergleich dazu sind 20 Jahre rein gar nichts). Nach dem Tode Sun Tsus verlor der Nachfolger König Wus die Herrschaft über China, und es sollten noch 261 Jahre vergehen, ehe China im Jahr 221 v. Chr. unter Kaiser Ch'in – als Erbauer der Chinesischen Mauer und für seine Terrakotta-Grabstätte bekannt – erneut unter einem herrschenden Machthaber vereint wurde. Über China zu herrschen war, aus historischer Perspektive gesehen, keine geringe Aufgabe.

Im Jahre 1772 wurde Sun Tsus *Die Kunst des Krieges* in die französische Sprache übersetzt. Es wird gemeinhin angenommen, dass Napoleon viele von Sun Tsus Strategien gelesen und angewandt hat. Während der Operation Wüstensturm, dem Konflikt zwischen dem Irak und den Vereinigten Staaten (1990/1991), wurde jedem Offizier der US-Marine ein Exemplar des Buchs *Die Kunst des Krieges* als Standardkampfausrüstung ausgehändigt.

Die Kunst des Krieges ist allgemein gültig. Dabei geht es nicht um Krieg, sondern um Kunst. Chinesische Philosophen beschäftigten sich 5 000 Jahre lang damit, die Geheimnisse der Natur und ihre subtilen Gesetzmäßigkeiten zu beobachten und zu dokumentieren. Auf diese philosophischen Beobachtungen der Gesetze, die das Universum lenken, gründete Sun Tsu seine in *Die Kunst des Krieges* dargelegten Prinzipien. Wie schon die Philosophen vor ihm erkannte auch Sun Tsu, dass diese Prinzipien auf jede Situation anwendbar sind. Noch nie war dies so zutreffend wie in der heutigen Geschäftswelt, wo jede Transaktion einer unblutigen Kriegsführung gleicht. Wichtiger ist jedoch, dass es bei Sun Tsus *Die Kunst des Krieges* nicht nur um den Wettbewerb, sondern auch um die Führung der Geschäftspolitik und die Motivierung Ihrer Kinder geht. Das Traktat *Die Kunst des Krieges* von Sun Tsu mag zwar alt sein, an Aktualität hat es jedoch bis heute nicht eingebüßt. Tatsächlich bin ich immer wieder überrascht, dass bisher noch niemand ein Buch darüber geschrieben hat, wie Frauen Sun Tsus *Die Kunst des Krieges* auf ihr Leben anwenden können. Oder wie Sun Tsu es formulierte: »Die allerbeste Strategie ist siegen, ohne zu kämpfen.« Welche Frau hätte daran wohl etwas auszusetzen?

Die Kunst des Krieges umfasst nur dreizehn Kapitel, davon dient das erste als eine Art Zusammenfassung des gesamten Buches. Im ersten Kapitel weist Sun Tsu auf die Bedeutung der fünf wesentlichen Prinzipien der Kriegskunst hin:

Die fünf Prinzipien sind als Grundlage der Kriegsführung zu sehen. Durch Prüfung der fünf Prinzipien kann ich den Ausgang eines Krieges absehen:

1. TAO *(moralisches Ansehen, rechtes Handeln)*
2. TIEN *(Umgebungsbedingungen, Timing)*
3. DI *(Erde, Soll und Haben)*
4. JIANG *(Führerschaft)*
5. FA *(Management und Disziplin)*

Ich habe dieses Buch nach diesen fünf Prinzipien geordnet. Wenn Sie sich nacheinander auf die einzelnen Grundsätze einlassen, werden Sie verschiedene Probleme in unserem alltäglichen Leben als Frauen, Mütter und berufstätige Frauen entdecken, auf die sich *Die Kunst des Krieges* so vortrefflich anwenden lässt.

Wenn Sie in den Strategien der Kriegskunst erfahren sind, werden Sie sehen, was die Konkurrenz übersieht, und die leisen Signale hören, die die Konkurrenz überhört. Ihr Verstand wird strategische Auswege finden, die Ihren Konkurrentinnen und Konkurrenten verschlossen sind.

Sie können eine versierte Strategin werden, ob Sie nun eine Laufbahn als Unternehmerin, Schullehrerin, Börsenmaklerin, Filmproduzentin, Astronautin oder als Vorstandsvorsitzende eines Unternehmens anvisieren. Wenn Ihr Lebensziel jedoch darin besteht, eine glückliche Frau und gute Mutter zu sein (ein wahrhaft edles Ziel), so kann Ihnen die Kunst des Krieges zu Strategien verhelfen, mit denen Sie Nachteile in Vorzüge verwandeln können, und die Sie sogar bei der Erziehung ausgeglichener und wohlerzogener Kinder unterstützen.

Wenn wir Frauen alles erreichen wollen, was wir uns wünschen (das Recht, uns für das Tragen von Glaspantoffeln und/oder Kampfstiefeln zu entscheiden), dann müssen wir den Mut aufbringen, die Denkweise kampffähiger Strateginnen und Kriegerinnen zu erlernen.

Dieses Buch steckt voller Strategien und Pläne, die Frauen zum Erfolg verhelfen und die Entscheidungsfindung erleichtern. Mit Hilfe dieses altbewährten Rüstzeugs kann jede Frau, ob sie nun zu Hause oder im Büro arbeitet, eine uneingeschränkt innovative, wendige, kreative, glückliche und lebensfrohe Siegerin sein.

I. Tao – rechtes Handeln

*Gewappnet mit einem Sinn für Rechtschaffenheit
und dem Segen des Himmels
verliert Ihre Armee jegliche Furcht.
So ist sie gewillt, für den Sieg
zu leben und zu sterben.*

Sun Tsu (1.3)

Viele Menschen haben eine falsche Vorstellung davon, was wahres Glück bedeutet. Man erlangt es nicht durch Nachgiebigkeit gegen sich selbst, sondern durch ein lohnendes Ziel, dem man sich verpflichtet fühlt.

Helen Keller, Schriftstellerin

Das TAO der Strategie

Wer seine Strategie sorgfältig plant,
wird den Sieg erringen.
Wer seine Strategie nachlässig plant,
wird eine Niederlage erleiden.
Sun Tsu (1.28)

Nicht zufällig hat Sun Tsu TAO als erstes strategisches Prinzip gewählt. Von allen Strategien der Kriegskunst stellt TAO das wichtigste Prinzip für den Sieg dar. TAO bedeutet ›Weg, Richtigkeit oder Moral‹ und umfasst noch weitaus mehr als das. TAO wird als die Kraft definiert, die sich hinter jeder Schöpfung verbirgt. Laotse, der herausragendste taoistische Philosoph, sagte: »Ich weiß nicht, wie ich *sie* bezeichnen soll, ich bezeichne *sie* als TAO«. Alles, was gut, hervorragend, rechtschaffen, kreativ, innovativ, hinreißend, ansprechend und erfreulich ist, wurzelt in TAO.

Eine Unzahl von Widrigkeiten ist alles, was Sie sich ohne TAO einhandeln werden, gleichgültig, wie klug Sie sind. Je mehr Sie taktieren, desto mehr Ärger halsen Sie sich womöglich auf, sofern Sie nicht im Einklang mit TAO stehen. An die Anwendung von Strategien sollten Sie noch nicht einmal denken, bevor Sie TAO nicht in Ihr Alltagsleben integriert haben.

Bei jedem größeren Krieg und jeder kleineren Schlacht haben die Anführer stets für sich beansprucht, im Recht zu sein. Denn niemand wird ihnen folgen, wenn sie nicht alle davon überzeugen können, dass sie den Willen Gottes vertreten. Patriotische Parolen helfen ihnen jedoch auch nicht unbegrenzt weiter, am Ende wird die Wahrheit immer siegen.

Im Verlauf der Geschichte hat sich immer wieder gezeigt, dass alle, die sich jemals von TAO abgewendet haben, letztendlich der Niederlage preisgegeben waren. So wurde Taiwan am 21. September 1999 von einem Erdbeben der Stärke 7,4 erschüttert, wodurch die unlauteren Praktiken ruchloser Baumeister aufgedeckt wurden. Durch Einsparungen bei Baumaterialien hatten diese Bauunternehmer jahrelang enorm hohe Gewinne erzielt. Wie sich schließlich herausstellte, hatten die Betrüger die Bauträger lediglich mit leeren Sojasaucen-Plastikflaschen und Speiseöl-Aluminiumbüchsen gefüllt. Die meisten dieser Baumeister werden wegen vorsätzlicher Schädigung der Öffentlichkeit strafrechtlich verfolgt werden. In nur 30 Sekunden holte TAO sie ein.

TAO ist die Grundlage der anderen vier Prinzipien: TIEN, DI, JIANG und FA. Ohne TAO ist es sinnlos, sich mit den anderen vier Prinzipien auch nur ansatzweise zu beschäftigen. Wenn Sie sich und Ihre Leute nicht davon überzeugen können, dass Ihre Sache recht und moralisch einwandfrei ist, sollten Sie das Projekt aufgeben, denn dann können Sie nicht gewinnen. In den nachfolgenden Kapiteln erfahren Sie mehr darüber, wie TAO sich direkt auf Ihren persönlichen Erfolg als berufstätige Frau, Unternehmerin, leitende Angestellte, Verkäuferin oder nichtberufstätige Mutter auswirkt. An dieser Stelle soll jedoch zunächst das TAO der Strategie erörtert werden.

Bei Strategie geht es im Grunde um gesunden Menschenverstand. Bei jedem Projekt und in jeder Situation gibt es eine gewisse Rechtmäßigkeit, eine Integrität, und diese Rechtmäßigkeit ist TAO. Wenn Sie herauszufinden wissen, wie Sie diese Rechtmäßigkeit erlangen, so haben Sie das TAO der Strategie verinnerlicht. Tun Sie das Richtige, und das richtige Ergebnis wird sich einstellen – wenn die Zeit dafür gekommen ist.

Die Grundprinzipien der Strategie

1. Die Wurzeln des strategischen Denkens sind in der Natur zu finden

Vermitteln Sie Ihrer Gegnerin den Eindruck,
dass Sie so schüchtern wie eine Jungfrau sind,
so dass sie Sie unterschätzt.
Dadurch wird es der Gegnerin an Wachsamkeit fehlen
und Sie können den Kampf eröffnen.
Tun Sie es dem fliehenden Hasen nach,
so dass Ihre Gegnerin überrumpelt wird.
Auf diese Weise kann sie sich nicht verteidigen.
Sun Tsu (11.70)

5000 Jahre lang beobachteten und dokumentierten chinesische Philosophen und Meister der Kriegskunst, wie sich die Geheimnisse der Natur offenbaren. Denn im Laufe eines einzigen Lebens oder in einem Zeitraum von einigen hundert Jahren kann man die subtilen Gesetzmäßigkeiten der Natur nicht erkennen. Philosophen und Strategen fanden heraus, dass der Rhythmus der Natur auf jede Lebenslage anwendbar ist; er ist unfehlbar, beständig und in sich stimmig. Sie erkannten, dass sich die Prinzipien der Natur auch auf die Kriegsführung, unsere geschäftlichen Transaktionen und unser Familienleben übertragen lassen. Bei richtiger Anwendung funktioniert die Strategie so logisch und zuverlässig wie die Gesetze der Schwerkraft, der Wechsel der Jahreszeiten und der Lauf der Erde um die Sonne.

Die bedeutenden Strategen haben gelernt, die Prinzipien, die in der Natur am Werke sind, zu ergründen und sich auf diese einzustimmen. Sie wissen, wie sich die Prinzipien der Natur auf alles, was wir im Leben vollbringen, anwenden lassen. So ist Wasser nachgiebig und weicht Felsgestein, aber der stete Tropfen höhlt den Stein. Ein Grashalm wird sich bei starkem Wind neigen und nicht brechen, eine 500 Jahre alte Eiche dagegen, fest und unbiegsam, kann bei gleich starkem Wind entwurzelt werden. In der Fähigkeit, nachzugeben, liegt eine große Stärke. Ein Mensch oder ein Land können durch Nachgeben unbesiegbar werden.

Nach dem Zweiten Weltkrieg wandten die Japaner das in der Natur verankerte Prinzip des Nachgebens an, um die amerikanische Verbraucher-Elektronikbranche erfolgreich zu erobern. Durch das untertänige Verhalten Japans wurde Amerika dazu verleitet, Japans Ehrgeiz und die Bedrohung durch dieses Land für den US-amerikanischen Wirtschaftssektor zu unterschätzen. Japans Strategie bestand darin, sich zunächst kleiner zu machen, um dann den ›vernichtenden Schlag‹ auszuführen.

TAO erkennt das einzige, einigende Prinzip in den verschiedenen Ausformungen an, die im gesamten Universum existieren.

Die Suche Einsteins und nachfolgender Physiker nach einer
›Einheitlichen Feldtheorie‹ beruht auf derselben Betrachtungsweise. Einstein sagte einmal: »Ich möchte nur wissen, wie Gott das Universum erschuf. Der Rest besteht aus unwesentlichen Details.«

2. David besiegt Goliath

Wenn ein Sieg
durch den offensichtlichen Vorteil
zahlenmäßiger Überlegenheit
errungen wird,
so verdient die Siegerin keine Auszeichnung.
Wenn eine Kriegerin
unter diesen Umständen
die Schlacht gewinnt,
so verdient diese Kriegerin keine Auszeichnung.
Dünne Luft zu bewegen ist kein Zeichen
eigener Stärke.
Sonne und Mond zu sehen ist kein Zeichen
außergewöhnlichen Sehvermögens.
Donner zu hören ist kein Zeichen
ausgezeichneten Hörvermögens.
Sun Tsu (4.8)

Stellen Sie sich einen riesigen Stein am Rande eines Abhangs vor. Solange der Stein dort liegt, hat er keine Kraft. Aber mit dem geringsten Kraftaufwand, so dass Sie den Stein gerade noch vom Abhang stoßen können, können Sie die enorme Kraft des Steins freisetzen. Dass ein ruhender und ein fallender Stein zwei vollkommen unterschiedliche Kräfte hervorbringt, liegt an der Wirkung der Schwerkraft und an der Genauigkeit, mit der Sie den Stoß ausführen.

Alle Kleinen und Unterlegenen, die über eine bewegende Kraft und treffsichere Technik verfügen, können die Großen und Mächtigen bezwingen. David besiegte den Riesen Goliath durch die Wurfkraft seiner Schleuder und den treffsicheren Abwurf seines Wurfgeschosses.

Der großartige Erfolg von *Victoria's Secret*, einem Unternehmen für Damenwäsche, veranschaulicht überaus deutlich, wie man mit Bewegkraft Erfolge erzielen kann. Natürlich trugen Frauen schon immer Unterwäsche, vor *Victoria's Secret* hatte es jedoch noch nie jemand geschafft, Damenwäsche zu einem Verkaufshit zu machen. Die Damenwäsche entsprach dem Stein am Rande des Abhangs.

Die Bewegkraft ging von der neu entdeckten Modebegeisterung der Frauen aus, verbunden mit dem neuen Figurbewusstsein und der Bereitschaft, für ein optimales äußeres Erscheinungsbild entsprechend viel Geld auszugeben. Das Design und das Katalogverkaufskonzept von *Victoria's Secret* entsprachen dem geringen Kraftaufwand, der nötig war, um den Stein vom Abhang zu stoßen. Das Ziel der Strategieanwendung besteht darin, die Erfolgsquote der Unterlegenen zu steigern. Bevor das Unternehmen *Victoria's Secret* gegründet wurde, galt Unterwäsche einfach als ›nicht so wichtig‹. Dennoch eroberte die ›unbedeutende‹ Unterwäschefirma die mächtige Modebranche – dank ihrer treffsicheren Vorgehensweise und der Bewegkraft, die aus den unausgesprochenen Bedürfnissen der Kundinnen gespeist wurde.

Ziehen Sie Ihre Lehre aus dem Beispiel des fallenden Steins. Dann werden Sie feststellen, dass Sie mit dem geringsten Kraftaufwand Ihre eigene Schwungkraft freisetzen können, um Ihre wichtigsten Ziele zu verwirklichen.

3. Angriffs- und Verteidigungsstrategie

*Ist der Sieg ungewiss,
so wenden Sie eine Verteidigungstaktik an.
Stehen die Zeichen vermehrt auf Sieg,
so wenden Sie eine Angriffstaktik an.*
Sun Tsu (4.5)

Wann immer ich meine Freundin May in Hongkong besuche, erzählt sie mir jedes Mal scherzhaft, dass sie am Nachmittag Geld verdienen werde. May verdient Geld, indem Sie mit einigen Freundinnen zum Vergnügen Mah-Jongg spielt. Um das Spiel etwas interessanter zu gestalten, spielen die Freundinnen um Geld. Der Einsatz beträgt bis zu 100 Dollar pro Spiel. Natürlich gewinnt May immer. Auf die Frage, wie ihr das stets gelinge, antwortete sie: »Wenn ich spüre, dass ich eine Glückssträhne habe, gehe ich Risiken ein, indem ich auf Angriff setze. Wenn ich kein Glück habe, spiele ich defensiv.« Sun Tsus Prinzipien gelten nicht nur für die Kriegsführung, sondern auch für den Mah-Jongg-Tisch und die Geschäftswelt. In der Kunst der Strategie erfahren zu sein, bedeutet im Geschäftsleben nicht nur, anderen Ihren Willen aufzuerlegen, sondern auch, dass Sie ein wirksames Verteidigungsmittel zur Verfügung haben. Wenn Sie sich vor den Täuschungsmanövern anderer schützen wollen, dann müssen Sie zunächst lernen, deren raffinierte Taktiken zu durchschauen.

Auch wenn Sie kein aggressiver Typ sind, können Sie Strategie als Verteidigungsmittel nutzen, das Sie vor den üblen Tricks anderer Leute schützt. Wenn sich Ihre Mitmenschen ohne ersichtlichen Grund stets dumm oder bescheiden – absolut loyal, übertrieben freundlich und treu ergeben – stellen, könnten Sie leicht in eine Falle tappen. Wenn Sie Strategien durchschauen, werden Sie die Motive dieser Menschen genau prüfen und sich vor ihnen in Acht nehmen, solange Sie mit ihnen zu tun haben.

4. Nur eine Frau von untadeliger Moral kann Strategie anwenden

*Spione können Sie nur einsetzen,
wenn Sie mit TAO im Einklang stehen
und von untadeliger Moral sind.*

Sun Tsu (13.14)

Wenn Sie die krummen Absichten Ihres Gegners durchschauen wollen, müssen Sie selbst sehr charakterfest sein. Ihre sittliche Haltung muss unerschütterlich sein und Sie müssen all Ihre moralischen Werte entschlossen vertreten. Die Unredlichkeit anderer können Sie nur im Kontrast zu Ihrer reinen, makellosen Integrität erkennen. Ein Mensch mit verzogener Perspektive nimmt unaufrichtige Menschen als aufrichtig wahr. Er kann gute Menschen nicht von bösen, aufrichtige Menschen nicht von unaufrichtigen unterscheiden. Wenn Sie nicht im Einklang mit TAO stehen, sind Strategien vollkommen nutzlos für Sie. Je mehr Sie sich bemühen, Strategie anzuwenden, desto mehr wird sich diese gegen Sie wenden. Aus diesem Grund ist Sun Tsu überzeugt, dass Sie hohe moralische Werte verinnerlicht haben müssen, ehe Sie Spione beauftragen, Informationen für Sie zu sammeln. Wenn Sie ein unmoralischer Mensch sind, können Sie nicht erkennen, ob der von Ihnen beauftragte Spion Ihnen oder Ihrem Feind gegenüber loyal ist. Daher könnten die von dem Spion gelieferten Informationen falsch sein oder Ihrem Feldzug schaden.

Studieren Sie das TAO der Strategie und Sie werden am Arbeitsplatz und zu Hause brillante Ideen entwickeln. Das TAO, die Kraft, die die Generalin beim Gewinnen der Schlacht führt, ist dieselbe Kraft, die die versierte Geschäftsfrau oder Politikerin beim Ausüben ihrer Macht leitet. TAO verdeutlicht Ihnen die Gesetzmäßigkeiten der Natur, die zu Ihrem ständigen Lehrmeister werden. Sie werden lernen, sich selbst herauszufordern, den Rhythmus der Natur zu ergründen und in flexible, raffinierte Strategien umzusetzen. Natürlich ist es gut, Strategien zu erlernen; besser ist es jedoch, selbst die Fähigkeit zu haben, nach eigenem Belieben Strategien auszuarbeiten. Dies zu lernen wird Sie motivieren, bei allem, worum Sie sich im Leben bemühen, uneingeschränkt innovativ zu sein. Dadurch werden Sie sich im beruflichen, privaten und familiären Umfeld wohler fühlen.

Wenden Sie die in diesem Kapitel erörterten Strategien sehr umsichtig und ehrlich an. Dann werden Ihnen diese Strategien von Nutzen sein und Sie bei jedem Schritt unterstützen.

Man hat nur zwei Möglichkeiten:
Entweder man hält den Mund,
was mir nicht leicht fällt,
oder man lernt sehr schnell sehr viel dazu,
was ich versucht habe.

Jane Fonda, Schauspielerin

Wer sagt, dass es in Ordnung ist, Frauen herabzusetzen?

Innerhalb des Universums
gibt es keine ewigen Sieger.
Die Sonne beschert uns kurze und lange Tage,
und der Mond hat zu- und abnehmende Phasen.
Sun Tsu (6.26)

Im Universum sind Yin (die weibliche Kraft) und Yang (die männliche Kraft) ebenbürtig. Laotse, der große taoistische Philosoph, drückte es folgendermaßen aus: »Das Universum trägt Yin und Yang in sich und lässt beiden Kräften gleiche Energie zufließen. So entsteht Gleichklang.« Die ungleiche Behandlung der Geschlechter ist wahrlich nicht gottgegeben. Vielmehr ist sie größtenteils den Männern zuzuschreiben, zumindest, was die Missstände in der Vergangenheit anbelangt. Hiermit sei klargestellt, dass ich mich nicht gegen Männer aussprechen möchte. In diesem Buch geht es auch nicht darum, Männer schlecht zu machen. Dennoch lässt sich nicht leugnen, dass die Geschichte der Menschheit von *seiner* Geschichte handelt und von Männern geschrieben und ausgelegt wurde. Und genau da liegt die Wurzel des Übels.

Alles, was nicht im Einklang mit TAO steht, wird sich letztendlich selbst zerstören. Dieses Gesetz ist allgemein gültig. Wer andere Menschen aufgrund ihrer Kultur, ihrer Religion, ihres Geschlechts oder ihrer Hautfarbe unterdrückt, richtet sich gegen TAO. Daher wendet sich auch die Unterdrückung von Frauen gegen TAO. Folglich wird sie sich selbst zerstören – oder wandeln. Daran besteht kein Zweifel.

Einst waren Männer aufgrund ihrer Körperkraft für die Jagd geschaffen, während Frauen für die Fortpflanzung und Erziehung der Kinder zuständig waren. Auf diese Weise wurde das Überleben der menschlichen Spezies gesichert. Zu jener Zeit war dies sicherlich die zweckmäßigste Art der Arbeitsteilung, wenn man bedenkt, was für das Überleben in der vorgeschichtlichen Zeit notwendig war. Allein dadurch entstand jedoch noch keine von Männern beherrschte Gesellschaft, denn Frauen hätten durchaus einen hohen Rang als Herrscherin einnehmen können. Zum Herrschen, Verwalten und Führen bedarf es schließlich keiner körperlichen Kraft.

Xian, die Wiege der chinesischen Zivilisation, ist in den westlichen Ländern allgemein als die Stadt bekannt, in der die riesigen Terrakotta-Statuen in der Grabkammer von Kaiser Ch'in gefunden wurden. Außerdem war Xian die erste Station Präsident Clintons während seiner Chinareise im Jahr 1998. Ich hatte die Gelegenheit, diese faszinierende Ausgrabungsstätte außerhalb Xians zu besichtigen. Vor 6 500 Jahren existierte dort bereits eine hoch zivilisierte Gesellschaft. Xian ist die Stätte der ältesten vollkommenen Gesellschaft, die jemals in China entdeckt wurde. Und diese fortschrittliche Zivilisation war eine matriarchalische Gesellschaft. In dieser Stadt hielten die Frauen die Stadtversammlungen ab und erfüllten alle Verwaltungsaufgaben, während die Männer die Arbeit verrichteten, die körperliche Kraft erforderte. Die manuellen Tätigkeiten – wie die Jagd und der Hausbau – waren also den Männern vorbehalten. Könnte es sein, dass die Natur die Männer für die Jagd vorgesehen hat, die größere Verantwortung für das Führen der Sippe jedoch den Frauen übertragen werden sollte? In den alten chinesischen, etruskischen und kretischen Zivilisationen beispielsweise waren die Frauen sicherlich mehr als gleichberechtigt. In den folgenden Abschnitten geht es um die alten ungerechtfertigten Vorurteile gegen Frauen, die zur gegenwärtigen Voreingenommenheit gegenüber Frauen beitragen.

So rechtfertigen Männer die Benachteiligung von Frauen

Wettbewerbsfähigkeit wird höher bewertet als Einfühlungsvermögen und Zusammenarbeit

Wettbewerb führt zu unmittelbarer Befriedigung und bringt greifbare Ergebnisse. Einfühlungsvermögen und Zusammenarbeit dagegen tragen zu innerer Harmonie bei, bieten jedoch keine äußerlichen Vorteile. Schon seit der Zeit der Höhlenbewohner haben Männer miteinander konkurriert und Frauen Einfühlungsvermögen gezeigt.

Wenn eine Frau einer anderen begegnet, achtet sie darauf, dass sich ihr Gegenüber wohl fühlt. Steht eine große Frau neben einer kleinen, so wird sie sich automatisch bücken, um sich kleiner zu machen, denn durch den verringerten Größenunterschied fühlt sich die kleinere Frau möglicherweise etwas wohler. Die meisten Frauen bevorzugen ein harmonisches Miteinander, statt sich egoistisch hervorzutun und auf Konfrontation zu gehen.

Eines Mittags, als ich an einem Arbeitsessen teilnahm, fiel einem Kellner ein Stapel Geschirr aus der Hand. Das Geschirr zerbrach auf dem Steinfußboden. Ich sah seinen entsetzten Gesichtsausdruck – und fühlte mit ihm. Zugleich bemerkte ich, dass meine drei männlichen Begleiter, die mit mir am Tisch saßen, sich keine Sekunde lang davon irritieren ließen. Sie verhielten sich so, als wäre nichts geschehen.

Eine meiner Freundinnen erzählte mir eine ähnliche Geschichte. Als sie als Ehrengast bei einer Konferenz zugegen war, fiel auf der Bühne eine Flagge um. Obwohl sie nichts unternahm, verspürte sie dennoch den unmittelbaren Impuls, die Flagge aufzuheben. Die männlichen Gäste auf der Bühne behielten ihre übliche gleichmütige Haltung bei.

Seit Anbeginn der Zeit musste eine Mutter rasch die Fähigkeit entwickeln, die wortlose Kommunikation ihres Säuglings zu verstehen und sich in ihr Kind einzufühlen, wollte sie sein Überleben sichern. Dadurch wurde sie rücksichtsvoller und einfühlsamer.

Im Gegensatz zu Frauen sind Männer egozentrischer und konkurrenzbewusster. Wenn zwei Männer zusammenkommen, wetteifern sie miteinander, um schnell die Rangordnung festzulegen. Der Größere von beiden macht sich noch größer, der Stärkere stellt sogleich seine Kraft zur Schau, indem er seine

Muskeln spielen lässt, und der Schlagfertige teilt Verbalschläge aus. Männer sind animalischer und wetteifern – wie die Affenmännchen – um die Vormachtstellung. Auch Frauen haben die Schattenseiten der menschlichen Entwicklung durchlebt, allerdings wurden dabei die differenzierten weiblichen Qualitäten von der groben, anmaßenden männlichen Durchsetzungskraft erdrückt.

Unsere Gesellschaft stuft das menschliche Ego und den Wettbewerb wesentlich höher ein als Einfühlungsvermögen und Zusammenarbeit. Das Prinzip von TAO aber steht für das genaue Gegenteil. Alle edlen Dinge sind tiefgründig und nicht greifbar. Frauen sollten sich nicht an der Verherrlichung des Egos beteiligen. Im 21. Jahrhundert gelten Einfühlungsvermögen und Teamgeist als überlegene Fähigkeiten. Vergessen Sie das nicht, während Sie nach Macht streben.

Das Gift der heiligen Lehren

Es ist abwegig zu glauben, dass Frauen dem männlichen Geschlecht in irgendeiner Weise geistig unterlegen sind. Dennoch haben scheinbar einige der Männer, die die heiligen Lehren erstmals in den Dienst religiöser Gemeinschaften stellten, beschlossen, dass Frauen einer niedrigeren Spezies angehören. Aus diesem Blickwinkel heraus haben sie auch die Heiligen Schriften gedeutet.

Glaubt tatsächlich jemand, dass Maria Magdalena im Himmel auf den zweiten Rang verwiesen wird, während sich die anderen Jünger Christi auf dem ersten befinden? Dass Maria Magdalena nicht ständig mit Christus umherzog, liegt nur daran, dass sie durch die kulturellen und sozialen Gebräuche ihrer Zeit gebunden war und nicht unter freiem Himmel schlafen konnte. Es bedeutet jedoch nicht, dass sie geistig unterlegen war, wie später behauptet wurde.

Einige religiöse Führer sagen, dass sie nicht zum Letzten Abendmahl geladen war, wie auf dem berühmten Bild Leonardo da Vincis dargestellt. Möglicherweise war sie in ihrer spirituellen Entwicklung schon so weit fortgeschritten, dass sie ihre tiefe Hingabe an Christus auch ohne den Ritus von Brot und Wein empfinden konnte. Eine spirituell weit entwickelte Frau ist niemals von ihrem geliebten göttlichen Herrn getrennt, sondern stets mit Gott verbunden.

Was in dieser schicksalhaften Nacht vor über 2 000 Jahren genau geschah, wird widersprüchlich gesehen und unterschiedlich gedeutet. Professor L. Michael White leitet den Kurs für religiöse Studien an der Universität von Texas in Austin. Für die PBS-Show *From Jesus to Christ* berichtete er von dem Mosaik in der Kirche Santa Podenziana in Rom: »Hier sehen wir, was zunächst wie eine der üblichen Szenen aus dem Evangelium wirkt. Jesus ist von seinen Aposteln umgeben, die zu seiner rechten und linken Seite sitzen. Das Mosaik scheint das Letzte Abendmahl darzustellen. Doch sind hinter Jesus zwei Frauen zu erkennen ... Wahrscheinlich die Jungfrau Maria und Maria Magdalena ...«

Bedenken Sie auch, dass Christus an dem Tag, an dem er von den Toten auferstand, zuerst nur Maria Magdalena erschien. Dieses wirklich bedeutende Ereignis wird jedoch von allen christlichen Kirchen heruntergespielt. Indem Christus Maria Magdalena erschien, würdigte er nicht nur ihre Hingabe und ihren Mut. Durch die Erscheinung Christi wurde das gesamte weibliche Geschlecht geehrt. Denn schließlich war es Maria Magdalena, die den Körper des Herrn versorgt hatte, während alle männlichen Jünger aus Furcht vor den römischen Besatzern untergetaucht waren.

Dass Christus zuerst einer Frau erschien, ist ein Symbol dafür, dass Er wusste, Maria Magdalena würde ihn – aufgrund ihrer weiblichen Intuition und Sensibilität – zweifellos als den Herrn erkennen. Ganz im Gegensatz zu seinen männlichen Jüngern. Diese forderten bei der Begegnung mit Ihm einen Beweis dafür, dass er ihr Herr ist. Daher ist es kein reiner Zufall, dass Christus nach seiner Auferstehung von den Toten zunächst ausgerechnet Maria Magdalena begegnete. Auf diese Weise würdigte und ehrte Er die Einzigartigkeit des weiblichen Geschlechts.

In der Nag-Hammadi-Übersetzung des gnostischen Evangeliums, dem *Evangelium der Maria*, wird Maria Magdalena unstreitig über die anderen Jünger erhöht, da Jesus entschieden hatte, nur Ihr zu erscheinen.

»Petrus sagte zu Maria: ›Schwester, wir wissen, dass der Heiland dich mehr als alle anderen Frauen liebte. Gib uns die Worte des Erlösers wieder, an die du dich noch erinnern kannst, die du kennst, wir (jedoch) nicht, und die wir auch nicht gehört haben.‹
... Als Maria dies [von ihrer Erscheinung] berichtet hatte, schwieg sie, da der Erlöser nicht länger mit ihr gesprochen hatte. Aber Andreas antwortete und sagte zu den Brüdern: ›Sagt über das, was sie uns berichtete, was (Ihr wollt). Ich jedenfalls glaube nicht, dass der Heiland dies gesagt hat. Denn es sind seltsame Lehren.‹ Petrus antwortete und äußerte sich über dieselben Dinge. Er befragte sie über den Heiland: ›Hat er wirklich mit einer Frau gesprochen, ohne unser Wissen (und) im Geheimen? Sollen wir uns ihr zuwenden und zuhören? Hat Er sie uns vorgezogen?‹
Daraufhin weinte Maria und sagte zu Petrus: ›Mein Bruder Petrus, was denkst du? Denkst du, dass ich all dies erfunden habe und über den Herrn Lügen verbreite?‹ Levi antwortete und sagte zu Petrus: ›Petrus, du warst schon immer aufbrausend. Nun sehe ich, wie du dich – den Gegnern gleich – gegen die Frau stellst. Wenn aber der Erlöser sie zu einer würdigen Frau erklärte, wer bist du, dass du sie zurückweisen darfst?‹
›Sicherlich kennt der Erlöser sie sehr gut. Deshalb hat Er sie mehr geliebt als uns. Wir sollten beschämt sein und den richtigen Menschen berufen und für uns gewinnen, wie Er uns befohlen hat, und das Evangelium verkünden. Wir sollten nur die Regeln und Gesetze vorschreiben, die der Erlöser uns übergab.‹ ... und sie gingen hinaus, (um) zu verkünden und zu predigen.«

Wie das Christentum irrten sich auch einige buddhistische Religionsgemeinschaften. Die chinesische Version des Buddhismus kam ursprünglich aus Indien und gelangte über China schließlich nach Japan. Da im Alten China Religion eng mit männlicher Vorherrschaft verbunden war, wurde der Buddhismus natürlich zu einer von Männern beherrschten Religion. Wie im Christentum befinden sich die Priester und Mönche an der Spitze der Hierarchie, während die Nonnen ihren heiligeren männlichen Glaubensbrüdern zu dienen haben.

Der Buddhismus hat seinen Ursprung im Hinduismus, in dem Gott jedoch als Frau und als Mann wahrgenommen wird. Die aktive Energie, die die Welt lenkt, wird durch die weibliche Kraft *Shaktis* symbolisiert. Die männliche Seite Gottes wird durch die passive Kraft *Shivas* versinnbildlicht. *Shiva*, die männliche Energie, würde ohne *Shakti*, die weibliche Energie, nicht fließen.

Bis zum heutigen Tag ist es Frauen, die gerade ihre Monatsblutung haben, nicht gestattet, hinduistische Tempel zu betreten und dort zu beten. Die Heilige Lehre als solche scheint daran nichts zu ändern. Ob die Tempelpriester die Göttin, das Objekt ihrer Anbetung, wohl jemals nach dem Zeitpunkt ihrer nächsten Periode befragt haben? Dann hätten sie die Statue der Göttin für eine Woche aus dem Tempel verbannen und anschließend – wenn sie wieder ›rein‹ ist – zurückholen können.

Die falsche Auslegung des Konfuzius

Jede Kultur hat sich Ausreden für die Diskriminierung von Frauen zurechtgelegt. In Asien, wo 30 Prozent der Weltbevölkerung leben, sind die Menschen sehr stark von den Lehren des Konfuzius geprägt. Bei der Erledigung ihrer Angelegenheiten deuten sie seine Worte allerdings oftmals falsch.

Es ist ein Satz von Konfuzius, der der Grund für die vielen Fehlinterpretationen seiner Lehre ist: »Der Umgang mit Frauen und unwissenden Männern ist schwierig.«Aufgrund dieser Aussage wurden asiatische Frauen jahrtausendelang geknechtet, besonders von japanischen und koreanischen Männern – die eifrigsten Verfechter der konfuzianischen Grundsätze, wenn es um die praktische Anwendung chinesischer Weisheit geht.

Wie sich Konfuzius, der größte Weise der gesamten chinesischen Geschichte, derart sexistisch äußern konnte, gab mir mein Leben lang zu denken. Ich grübelte über diese Frage, bis ich schließlich die Antwort fand. Nicht Konfuzius war frauenfeindlich, sondern die männlichen Gelehrten, die seine Worte interpretieren. So war es schon immer gewesen, und so ist es noch heute. Würde Konfuzius heute noch leben, sähe er Frauen nicht als minderwertige Wesen an, davon bin ich überzeugt.

Konfuzius lebte vor etwa 2 000 Jahren. Die unwissenden Männer, von denen er spricht, waren schwierig im Umgang, weil sie ungeachtet ihrer Studien nicht das Wissen verkörperten, das sie sich angeeignet hatten. Die Frauen dagegen waren unwissend, weil ihnen das Lernen und Studieren untersagt war. Sie durften nicht selbst denken. Die Gesellschaft schrieb den Frauen vor, wie sie zu denken und zu handeln hatten. Ihnen wurde eine große Zahl unsinniger Regeln auferlegt, die sie fraglos akzeptierten.

Die Aussage des Konfuzius bezieht sich nicht auf die Frauen selbst, sondern nur auf den Zustand der Unwissenheit, in dem sich die Frauen damals befanden. Schließlich hatte Konfuzius sein Leben der Abschaffung gesellschaftlicher Ungerechtigkeiten gewidmet, und davon gab es seinerzeit wahrlich genug.

Wie alle großen Lehren wurden auch die Lehren des Konfuzius von Adeligen und Bürgerlichen gleichermaßen abgelehnt. Aus diesem Grund äußerte sich Konfuzius sehr kritisch über die Unwissenheit beider Geschlechter. Aus unerfindlichen Gründen gelang es den männlichen Gelehrten jedoch stets, die Möglichkeit männlicher Unwissenheit erst gar nicht in Betracht zu ziehen. Als minderwertige Spezies kam daher nur das weibliche Geschlecht in Frage – ein Beweis für die Ignoranz der Männer. Könnte Konfuzius heute von den Toten auferstehen, so würde er alle egozentrischen Männer in Asien, die seinen Namen 2 000 Jahre lang missbraucht haben, um Frauen herabzuwürdigen, mit seinen Schimpftiraden vernichten.

Sosehr ich meinen Ehemann auch liebe, ich bin dennoch darüber aufgebracht, dass intelligente Männer – sowohl in den östlichen als auch in den westlichen Ländern – jahrhundertelang nichts gegen die Unterdrückung von Frauen durch unwissende Männer unternommen haben.

Machtmissbrauch durch die Beschützer

In einigen fundamentalistischen, militanten muslimischen Kulturen werden Frauen äußerst gering geschätzt. Vor kurzem wurde in Kuala Lumpur, Malaysia, der Weltkongress der muslimischen Religionen abgehalten. Saleha Mohammed Ali Bin Taib, die einzige Frau, die an diesem Kongress teilnahm, war als Vertreterin der malaysischen Regierung gekommen. Saleha Mohammed Ali Bin Taib leitet die malaysische Religionskommission und ist die erste malaysische Frau, die jemals eine Erziehung in England genossen hat. Bei ihrer Ansprache zu diesem Weltkongress richtete sie das Wort an einen Raum voller männlicher religiöser Führer, die ›päpstlicher als der Papst‹ waren und größtenteils aus den Erdöl exportierenden Ländern des Nahen Ostens stammten. Sie sagte: »Ich bin froh, eine Malaysierin zu sein. Würde ich in einem Ihrer Länder leben, so würde ich heute nicht zu Ihnen sprechen.«

Sie möchte ›Kakak‹ genannt werden – das malaysische Wort für ›Schwester‹. Sie erklärte mir, das muslimische Gesetz gestatte dem Mann, vier Ehefrauen zu haben. Dieses Gesetz sollte ursprünglich den Lebensunterhalt der Frauen sichern, die ihren Mann in einem der damals in dieser Region zahlreichen Kriege verloren hatten.

Dieses Gesetz wurde jedoch in ein Mittel der Befriedigung für Reiche und Wollüstlinge verwandelt, wodurch Frauen zu Sklavinnen der Männer wurden. Das Gesetz mag ursprünglich dem Schutz der Frauen gedient haben, am Ende wurde es jedoch ins Gegenteil verkehrt. Wer für den Lebensunterhalt einer Frau sorgt, ist in der Lage, sie zu missbrauchen.

In den westlichen Ländern gibt es eine vergleichbare Situation, und zwar in der Beziehung zwischen einigen berufstätigen Männern und nichtberufstätigen Frauen. Der Ernährer und Beschützer missbraucht seine Schützlinge. Seit Urzeiten ist es doch immer wieder dieselbe Geschichte, ob man nun nach Osten oder nach Westen blickt.

Das Wesen der Kriegsführung beruht auf Täuschung.
Sun Tsu (1.21)

Frauen sind verpflichtet, die ungerechtfertigte Grundlage der männlichen Macht zu durchschauen. Diese Welt wurde im Sinne der Gleichheit geschaffen. Im natürlichen Verlauf der menschlichen Entwicklung wird Yin, die weibliche Kraft, ungehindert größer und stärker werden, vergleichbar mit dem zunehmenden Mond. Was unterdrückt und erniedrigt wurde, wird sich erheben und geehrt werden. So lautet das Prinzip von TAO und dem allgemein gültigen Gesetz des rechten Handelns. Alles, was nicht im Einklang mit TAO steht, wird sich letztendlich selbst zerstören oder wandeln.

In meiner Karriere kam ich erst dann voran,
als ich den Mut fand,
Dinge, die sicher waren oder die ich schon getan hatte,
abzulehnen,
um Platz für Neues zu schaffen.

Helen Hunt, Schauspielerin

Nike-Schuhe, Glaspantoffeln und Kampfstiefel

Eine erfahrene Kriegerin
nimmt die Herausforderung zum Kampf erst dann an,
wenn sie sich des Sieges sicher ist.
Die Verliererin lässt sich auf einen Kampf ein,
ohne zu wissen, wie sie den Sieg erringen kannn

Sun Tsu (4.11)

Die ungleiche Behandlung der Geschlechter nur den Männern anzulasten ist gegen TAO. Natürlich haben Männer ihren Teil dazu beigetragen, diesen Missstand hervorzurufen. Aber sie wurden von Frauen dabei tatkräftig unterstützt, indem sie sich selbst betrogen haben. In der heutigen Unternehmenskultur ist Karrierebewusstsein geradezu ein Muss. Man geht ganz selbstverständlich davon aus, dass jeder Mensch vorwärts kommen will. Um diesen Anforderungen zu genügen, trainieren wir also unser Gehirn auf eine bestimmte Vorstellung von Erfolg. Wir unterdrücken ›unannehmbare‹ Gedanken, noch ehe sie in unser Bewusstsein dringen. Wenn wir unser wahres Gesicht zeigen – das nehmen wir zumindest an –, werden unsere Lebensgewohnheiten, Träume und Wünsche, die wir so sorgsam gehegt haben, wie eine Seifenblase zerplatzen. Daher belügen wir uns selbst, verfolgen Ziele, die nicht unsere eigenen sind, und lenken uns durch die Erfüllung ›edler‹ Bedürfnisse ab.

Wenn Sie tief in sich hineinhorchen und mutig genug sind, ihre tatsächlichen Bedürfnisse zu erkennen, wird Ihnen die Erkenntnis Ihrer wahren Natur und Ihrer eigentlichen Lebensziele zu Ihrem persönlichen Glück verhelfen. Und diese Erkenntnis ist so wertvoll wie ein Rettungsfloß auf stürmischer See.

Manche Frauen kennen ihre Bedürfnisse. Sie wünschen sich ein gewisses Maß an Komfort und ein akzeptables Gehalt. Sie möchten Ihren Kindern Nike-Schuhe kaufen können – und damit hat es sich auch schon. Frauen, die keinen großen Ehrgeiz an den Tag legen, werden häufig Schuldgefühle eingeimpft. Um ihren Mangel an Ehrgeiz zu rechtfertigen, müssen sie nach Ausreden suchen, obwohl sie wissen, dass sie nicht das geringste Interesse an einem Posten im Vorstand haben. In diesen Fällen wird häufig die so genannte ›gläserne Decke‹ als Ausrede benutzt.

Dann gibt es die Frau, die befördert werden will, aber Glaspantoffeln trägt. Sie bringt den nötigen Ehrgeiz mit, sie will eine

Kriegerin sein, sie möchte ein Büro auf der Führungsetage haben, sie will die Früchte eines guten Lebens genießen; was ihr allerdings fehlt, ist der wahre Kampfgeist. Sie will Erfolg, kann jedoch ihre Aschenputtel-Einstellung nicht aufgeben. Jede Frau hat diese Vorstellung vom Aschenputtel im Kopf, und daran ist auch nichts auszusetzen. Sie können aber nicht die Karriereleiter mit Glaspantoffeln erstürmen, dazu müssen Sie schon die Kampfstiefel anziehen. Nur eine Kriegerin kann die Leiter erstürmen, denn auf Ihrem Weg nach oben müssen Sie alle anderen aus der Bahn drängen.

Sie können gar keine falsche Entscheidung treffen. Der springende Punkt ist der, dass Sie sich überhaupt entscheiden – wie auch immer. Wollen Sie die Nike-Schuhe, die Glaspantoffeln oder die Kampfstiefel? Seien Sie ehrlich. Rechtfertigen Sie sich nicht. Seien Sie stolz auf Ihren Entschluss. Da Männer an der Unterdrückung von Frauen beteiligt waren, ist es leicht, die Schuld auf andere zu schieben. Was Frauen jedoch am meisten in einem Zustand der Unentschlossenheit verharren lässt, ist die mangelnde Erkenntnis darüber, was sie wirklich wollen. Wenn Frauen in diesem Jahrhundert vorankommen wollen, müssen sie zunächst mit nüchternem Blick erforschen, inwiefern sie zu ihrem eigenen Unglück und ihrer eigenen Unsicherheit beitragen.

Warum fällt es Frauen so schwer, Kampfstiefel zu tragen?

Wunschdenken

Als ich mich eines Tages mit dem Leiter einer Bank in seinem Büro unterhielt, vertraute er mir an: »Ich würde wirklich gern fähige Frauen in dieser Bank befördern und bei ihrer Karriere unterstützen. Wenn ich mich jedoch umblicke, sehe ich keine geeigneten Kandidatinnen.« Ich sah mich in seiner Bank um, und sofort wurde mir klar, warum er so enttäuscht war. An der Art, wie diese Frauen sich darstellten – ihrer Kleidung, ihrer Körpersprache, ihrer Ausdrucksweise und ihrem Auftreten –, konnte ich ohne weiteres erkennen, dass sie ihre Karriere nicht ernst nahmen. Obwohl sie in einer Bank, also einem eher konservativen Umfeld, arbeiteten, waren sie überwiegend wie Schulkinder für den Unterricht gekleidet. Einige trugen lange, geblümte Kleider im Großmutterstil, andere dagegen Miniröcke, kombiniert mit locker fallenden Spitzenblusen.

Für diese Frauen war es wichtiger, begehrenswert und attraktiv auszusehen und ihre Jungmädchenträume zu verwirklichen, als die weiblichen Führungskräfte von morgen zu werden. Paradoxerweise müssen Sie erst eine gewisse Position erreicht haben, bevor Sie auf Anpassung verzichten und sich nach Ihrem eigenen Geschmack kleiden können, der Ihre individuelle und einzigartige Persönlichkeit unterstreicht. Dennoch müssen Sie sich an die Grundregeln der jeweiligen Unternehmenskultur halten. Vorläufig jedoch hat jedes betriebliche Umfeld seine besonderen Einschränkungen, und diese werden nun einmal meist von Männern festgelegt.

Um es auf den Punkt zu bringen: Kleiden Sie sich so, wie es Ihnen für Ihren Arbeitsplatz und die von Ihnen angestrebte Position angemessen erscheint. Genauer ausgedrückt: Ziehen Sie sich nicht für den Job an, den Sie haben, sondern für den, den Sie haben möchten.

Dieser Kleiderkodex dient übrigens nicht dazu, Frauen zu diskriminieren. Im Geschäftsleben müssen Männer einen Anzug mit Krawatte tragen, wenn sie die Führungsebene erreichen wollen. Mit einem T-Shirt und einer kurzen Hose bekleidet hätten sie in der konservativen Unternehmenshierarchie kaum eine Chance. Unsere Kleidung, unser Auftreten, unsere Fähigkeiten, einfach alles, was mit uns zu tun hat, offenbart anderen, welche Einstellung wir uns selbst und unserer Arbeit gegenüber haben. Wie kann eine Frau eine Beförderung erwarten, wenn sie sich nicht selbst als beförderungswürdige Kandidatin sieht und diese Haltung auch nach außen hin zeigt?

Machen Sie sich über Ihre Ziele keine Illusionen

Es ist vollkommen in Ordnung, wenn Sie sagen: »Ich arbeite, um meinen Lebensunterhalt zu bestreiten und zum Einkommen der Familie beizutragen. Mir gefällt mein Leben, und ich möchte meinem Sohn die Nike-Schuhe kaufen können, die er sich wünscht.« Es ist absolut nichts daran auszusetzen, wenn eine Mutter arbeiten will, um das Familieneinkommen ein wenig aufzustocken. Wenn Sie sich dazu entschlossen haben, dann sollten Sie sehr stolz darauf sein, dass Sie arbeiten, um die Lebensqualität Ihrer Familie zu steigern. Sie handeln aus einem wertvollen Beweggrund heraus und stehen im Einklang mit TAO. Wenn Sie erkennen, worum es Ihnen wirklich geht, beispielsweise um die Nike-Schuhe, dann sind Sie eine Siegerin im Leben. Die ›gläserne Decke‹ stellt kein Hindernis für Sie dar, da Sie nicht zu den Konkurrentinnen zählen, die die Karriereleiter erklimmen und die ›gläserne Decke‹ zertrümmern wollen.

Bevor Sie eine Reise antreten können, müssen Sie zuerst Ihren gegenwärtigen Standort feststellen und Ihr Ziel bestimmen. Genauso verhält es sich mit Ihrer beruflichen Laufbahn. Bevor Sie irgendetwas unternehmen können, das Sie Ihrem Ziel näher bringt, müssen Sie zunächst herausfinden, an welcher Stelle Sie sich gerade befinden. Erst dann können Sie Ihr angestrebtes Ziel erreichen.

Glaspantoffeln zum Kampfanzug

Die wohl unglücklichste aller berufstätigen Frauen ist die, die die Geschäftswelt betritt, vorgibt, eine Kämpferin zu sein und dennoch tief in ihrem Inneren dem Traum vom Aschenputtel nachhängt. Während sie ihrer Arbeit nachgeht, wartet sie insgeheim auf den Märchenprinzen, der ihr Herz im Sturm erobern wird. Erst dann wird ihr Leben wirklich beginnen. Häufig kommt es jedoch ganz anders. Wenn sie ihren Märchenprinzen gefunden hat und nach der Hochzeit der Alltag einkehrt, stellt sie fest, dass sie einen verkleideten Frosch geheiratet hat. Sie muss weiterhin arbeiten und auf all die Dinge verzichten, von denen sie geträumt hat – das Märchenschloss mit all seinen schönen Kostbarkeiten. Sie ist hin- und hergerissen zwischen ihrem Traum vom Aschenputtel und ihrem inneren Bedürfnis, Anerkennung und Förderung am Arbeitsplatz zu finden. Sie mag zwar einen Kampfanzug tragen, allerdings nicht mit Kampfstiefeln, sondern mit Glaspantoffeln, und damit wird sie weder in der einen noch in der anderen Welt Erfolg haben. Sie gleicht einer widerwilligen Kriegerin, die zwar zum Siegen zu schwach ist, sich aber den Luxus einer Kapitulation nicht leisten kann. Kapitulation – in ihrem Fall hieße das, ihren Arbeitsplatz aufzugeben – ist aufgrund ihrer finanziellen Lage nicht möglich. Vielen berufstätigen Frauen dürfte diese Geschichte wohl sehr bekannt vorkommen.

Nichts ist bedauernswerter als eine widerwillige Kriegerin, die auf dem Schlachtfeld von allen Seiten umzingelt ist. Sie kann sich weder unerlaubt von der Truppe entfernen, weil ihr Vorgesetzter – in ihrem Fall ihr Bankkonto – sie sonst erschießen würde, noch den Mut finden, vorwärts zu marschieren.

Sie müssen sich schon entscheiden: Entweder Sie werfen die Glaspantoffeln weg oder Sie trennen sich von der Kampfuniform. Wenn Sie sich für die Uniform entscheiden, dann sollten Sie auch die dazugehörigen Stiefel tragen. Die Glaspantoffeln passen nur zum Ballkleid. Stehen Sie zu Ihrer Entscheidung, und genießen Sie Ihr Leben.

Glauben Sie nicht an das Märchen von der gläsernen Decke

Die wahre Kriegerin, die vorwärts kommen will, wird häufig nicht durch die ›gläserne Decke‹ selbst, sondern vielmehr durch das Märchen von der ›gläsernen Decke‹ gebremst. Die hinderliche ›gläserne Decke‹ ist einer der am häufigsten vorgebrachten Beschwerdepunkte von Frauen, die in einem Unternehmen beschäftigt sind. Es ist wie bei einem rassistischen Vorurteil: Es existiert, aber es bringt Ihnen nichts ein, wenn Sie die Existenz des Vorurteils anerkennen. Konzentrieren Sie sich auf das, was Sie weiterbringt, also darauf, eine hervorragende Leistung zu erbringen, statt auf die Dinge, die sie nur behindern. Mit der ›gläsernen Decke‹ in Unternehmen ist es wie mit des Kaisers neuen Kleidern: Sie wird nur von denen wahrgenommen, die von ihrer Existenz überzeugt sind. Dawn Steel, im fortgeschrittenen Alter die Präsidentin der Filmgesellschaft *Columbia Pictures*, war in einem von Männern beherrschten Geschäft die erste Frau, die jemals diesen Posten in einem bedeutenden Filmstudio innehatte. Sie fing als Sekretärin an und arbeitete sich langsam in diesem Unternehmen nach oben. Auf die Frage nach der ›gläsernen Decke‹ antwortete sie, dass sie keine ›gläserne Decke‹ sehen könne. Für Dawn Steel existierte die ›gläserne Decke‹ einfach nicht. Als sie die Karriereleiter erklomm, gehörte die ›gläserne Decke‹ nicht zu ihrer Realität.

Tatsächlich sind die meisten Männer, die in der Lage sind, Frauen zu fördern, nicht dumm. Sie wissen genau, wie vorteilhaft es für sie ist, wenn sie mit fähigen Leuten – gleich, welchen Geschlechts – zusammenarbeiten.

Vor kurzem lud mich Hélène Larivée, die Generaldirektorin des Zirkus *Le Cirque du Soleil*, ein, ihre Vorstellung zu sehen. *Le Cirque du Soleil* ist zweifellos der künstlerischste und unterhaltsamste Zirkus der Welt. Hélène ist für die Zirkustruppen verantwortlich, die in Nordamerika und Asien auf Tournee gehen. Ich fragte Hélène: »Das Image des Zirkus steht für eine von Männern beherrschte Macho-Welt. Was hat am meisten zu Ihrem Erfolg in dieser Umgebung beigetragen?« Hélène, eine zierliche Frau, kaum größer als eineinhalb Meter, antwortete: »Ich habe schon immer mit Männern zusammengearbeitet, und ich hatte nie das Gefühl, anders zu sein als sie.«

Die meisten Mädchen gehen mit Jungen zur Schule, und die meisten Frauen arbeiten mit Männern zusammen. Dennoch fühlen sich viele dieser Frauen von Männern unterdrückt. Männer werden zu einem Hindernis auf ihrem Karriereweg. Woran mag das liegen? Sie müssen sich zuerst selbst so sehen, wie andere Sie wahrnehmen sollen. Wenn Ihnen nicht gefällt, wie andere Sie behandeln, dann müssen sie sich zuerst selbst in einem anderen Licht sehen.

Da Hélène sich als mächtige, erfahrene Geschäftsfrau darstellt, nehmen Männer sie auch so wahr. Sie sehen sie mit Helenes geschlechtsneutralen Augen. Folglich macht Hélène keinen Hehl daraus, wie gut sie es beherrscht, ihre Arbeit ausgezeichnet zu erledigen, und das in einem Geschäft, das so hart ist wie die Zirkuswelt. Alle erfolgreichen Frauen dieser Welt haben eines gemeinsam: Sie sehen keine ›gläserne Decke‹.

Mangel an wahrem Kampfgeist

Ob Ihre Worte oder Taten friedfertig oder kämpferisch sind, sagt nichts über Ihre innere Verfassung aus. Diese offenbart sich vielmehr durch Ihre Haltung, die sich hinter Ihren Worten und Taten verbirgt. Einmal nahm ich an einer gesellschaftlichen Veranstaltung teil und die Gastgeberin wollte mich unbedingt einer Dame vorstellen, die als Ausbilderin für eine Telekommunikationsfirma arbeitete. Die Gastgeberin teilte mir mit, dass diese Dame sehr erfolgreich sei und ständig Schulungen besuche, um sich fortzubilden. Kurz nachdem wir unser Gespräch über die Dame beendet hatten, traf sie ein. Von ihrem äußeren Erscheinungsbild war ich keineswegs enttäuscht. Sie war elegant, attraktiv und sehr gut gekleidet.

Als ich ein Gespräch mit ihr anknüpfte, beschlich mich das Gefühl, dass irgendetwas an ihr nicht stimmte. Ich konnte aber nicht genau ausmachen, was es war. Etwas später wandte sich die Dame einer anderen jungen Frau zu, die sie sehr gut kannte. Dieser erzählte sie von einem Traum, den sie vor einiger Zeit gehabt hatte. Zufällig schnappte ich einige Gesprächsfetzen dieser Unterhaltung auf. Als die Dame sich mir erneut zuwandte, bat ich sie, mir den Traum ebenfalls zu erzählen. Ich möchte die Dame hier einmal Susan nennen.

Susan hatte eine Mentorin, die Gebrauchsgrafik lehrte. Diese Mentorin konnte sie sehr gut leiden. In ihrem Traum hatte ihr der Ehemann dieser Lehrerin einen Ziegelsteinbrocken gegeben und sie aufgefordert, ihn in eine große Glaswand zu werfen. Susan fand diese Aufforderung beleidigend. Dennoch kam sie der Anweisung nach und zerschmetterte die Glaswand. Daraufhin brachte der Ehemann ihrer Lehrerin eine silberne Servierplatte, auf der ein abgetrennter Hundekopf lag.

Susan hatte mir zuvor erzählt, dass sie stets mehr arbeite als alle anderen Kolleginnen und Kollegen in ihrer Firma. Ihr Chef erkannte ihre Leistungen auch an. Wenn es allerdings um eine Beförderung ging, wurde sie immer übergangen. Um ihre Leistungen noch zu verbessern, nahm sie an Wochenendschulungen teil. Sie ging sogar dazu über, Krawatten, weiße Hemden und lange Hosen zu tragen, um wie die Männer zu wirken, mit denen sie konkurrieren wollte. Man konnte ihr wirklich nicht nachsagen, dass sie es nicht versucht hätte. Susan war davon überzeugt, dass sie an der ›gläsernen Decke‹ gescheitert war.

Nachdem ich ihren Traum gehört hatte, sah ich sie unvermittelt an. Plötzlich fiel es mir wie Schuppen von den Augen. Ich hatte das ›fehlende Glied‹ in ihrer Lebensgeschichte gefunden. Susan stammt aus Georgia, und als vornehme Dame aus dem Süden wurde sie in der Vorstellung erzogen, dass eine echte junge Dame ›ganz Dame‹ sein müsse.

Die Glaswand in Susan's Traum symbolisierte die ›gläserne Decke‹. Der Ehemann ihrer Mentorin, ein Sinnbild männlicher Macht, forderte sie auf, die Glaswand (›gläserne Decke‹) zu zerschmettern, was ihrer vornehmen Erziehung absolut widerspricht und alles andere als damenhaft ist.

Der abgetrennte Hundekopf symbolisierte den männlichen Jagdinstinkt – sehr unweiblich, unpassend und abstoßend. Natürlich wirkt ein blutiger Hundekopf auf jeden Menschen abstoßend, auf Susan traf dies jedoch in ganz besonderem Maße zu. Mit jeder Faser ihres weiblichen Herzens sträubte sie sich dagegen, einem dermaßen ekelerregenden Anblick ausgesetzt zu sein. Dass der blutige Hundekopf vom Ehemann ihrer Lehrerin gebracht wurde, bedeutete, dass Susan die Entwicklung ihrer männlichen Seite bisher vernachlässigt hatte.

Nun verstand ich, warum ich ihren Kampfgeist nicht hatte spüren können. Ihr Traum offenbarte das ›fehlende Glied‹. Susan hatte sogar versucht, sich wie ein Mann zu kleiden, aber nur mit einer Krawatte und einem Hemd konnte sie ihren Mangel an Kampfgeist nicht überspielen.

Als ich dagegen Frau Rafidah, die malaysische Ministerin für internationalen Handel, kennen lernte, konnte ich mir nicht erklären, wie der Premierminister diese Frau mit einer so hohen Position betrauen konnte. Frau Rafidah trug ein malaysisches bodenlanges Kleid, das in allen Regenbogenfarben schillerte. Arme, Hals und Ohren waren mit Goldschmuck behängt und die Augen mit hellblauem Lidschatten geschminkt. In ihrer Aufmachung glich sie einem wandelnden Weihnachtsbaum. Als sie jedoch zu sprechen begann, war sofort ihre innere Kraft zu spüren. Kein Zweifel – diese Frau war mächtig. Wenn eine Frau so viel Macht innehat, spielt es keine Rolle mehr, ob sie Glaspantoffeln oder Kampfstiefel trägt. Ihre innere Stärke wird immer spürbar sein.

Ihre höchste Macht liegt in Ihnen selbst. Sie können sie nicht vortäuschen, Sie können sie nicht aufpolieren. Sie können sie durch eine gute Aufmachung unterstreichen, aber Sie können sie nicht vortäuschen, indem Sie sie aufpolieren.

Übertriebenes Problembewusstsein

Einige Autorinnen haben gewissenhaft Hunderte von Seiten zusammengetragen, die beweisen, dass Frauen in jeder Hinsicht Opfer dieser von Männern beherrschten Welt sind. Da eines dieser Bücher sehr angepriesen wurde, habe ich mir ein Exemplar davon gekauft. Nachdem ich ein wenig in dem Buch geblättert hatte, legte ich es weg, weil mich die Lektüre dermaßen deprimierte. Spätestens nach dem Lesen dieses Buches wird sicherlich jede Frau an einem geschlechtsbedingten Minderwertigkeitskomplex leiden. Das Buch ist deshalb so beliebt, weil viele Frauen es vorziehen, Männer für ihr unbefriedigendes Leben verantwortlich zu machen als ihr Leben selbst in die Hand zu nehmen und als Siegerinnen aus dem Lebenskampf hervorzugehen.

Derartige Bücher mögen überzeugende Argumente liefern, dennoch bleiben die Verfasserinnen solcher Bücher am Problem haften, statt lösungsorientiert an die Sache heranzugehen. Auch wenn die Autorin dieses Buches beweisen kann, dass sie mit ihren Behauptungen Recht hat, bleibt dennoch die Frage offen, inwiefern der Leserin mit dem neu erworbenen Wissen gedient ist. Dass die Diskriminierung von Frauen existiert, hatte ich beinahe ebenso vermutet, wie ich auch nahezu ahnte, dass der Zusammenprall zweier frontal aufeinander zufahrender Züge einen großen Schaden verursachen würde. Dennoch verschwende ich nicht meine Zeit damit, jede Einzelheit eines derartigen Unfalls zu klären. Stattdessen konzentriere ich mich auf die Dinge, die positive Ergebnisse hervorbringen.

Frauen sollten sich auf Sieg programmieren, statt über ihr Opferdasein zu jammern. Sie müssen ihre rechtmäßige Gleichheit und angeborene Würde wiedergewinnen, ob sie nun als weibliche Führungskraft nach der Position einer Vorstandsvorsitzenden streben oder als Dame des Hauses zum Glück der Familie und zum Wohle der Gesellschaft beitragen.

Wenn Sie überzeugt sind, dass Sie aufgrund Ihres Geschlechts keinen Erfolg haben, machen Sie Folgendes:

- **Fragen Sie Menschen, deren Urteil Sie schätzen, warum Sie nicht befördert werden.** In einem meiner Seminare beklagte sich bei mir eine Frau darüber, dass ihr Vorgesetzter die ihr übergeordneten Posten mit externen Mitarbeitern besetze, statt sie zu befördern. Ihrer Überzeugung nach war sie ein Opfer der ›gläsernen Decke‹ geworden. Ich bat sie auf das Podium, damit die Gruppe mit ihr arbeiten konnte. Allen Anwesenden war sofort klar, dass sie noch an ihrem Selbstvertrauen, ihrer Körpersprache und ihrer unklaren Kommunikation arbeiten musste. Die ganze Gruppe konnte sehen, dass sie nicht an der ›gläsernen Decke‹ gescheitert war, sondern vielmehr an ihren eigenen Unzulänglichkeiten.

- **Überprüfen Sie Ihre Situation:** Wenn Sie nach gründlicher Prüfung der Situation zu dem Schluss kommen, dass Ihr Chef tatsächlich aufgrund Ihres Geschlechts Vorbehalte gegen Sie hat, dann sollten Sie Ihre Stelle kündigen und Ihr Glück bei einem anderen Arbeitgeber suchen. Kündigen Sie jedoch erst, wenn Sie bereits eine neue Arbeitsstelle gefunden haben, denn Sie finden leichter einen neuen Job, wenn Sie noch in ungekündigter Stellung sind. Arbeitgeber stellen lieber Leute ein, die bereits Arbeit haben.

- **Wenn Ihnen Ihre Arbeitsstelle zusagt und Sie nicht kündigen möchten, dann sollten Sie Ihre Arbeit mit 150-prozentigem Einsatz erledigen.** Daraufhin kann Folgendes geschehen: Wenn Sie wirklich überragend arbeiten, haben Sie nun eine bessere Chance auf eine Beförderung. Schließlich ist es ganz im Interesse Ihres Vorgesetzten, Sie möglichst gewinnbringend einzusetzen. Wenn sich Ihr Vorgesetzter jedoch als feige erweist und die Befürchtung hegt, Sie könnten eines Tages seine Position einnehmen, wird er Ihnen möglicherweise die Kündigung aussprechen. In diesem Fall hat Ihnen das Universum die Entscheidung bereits abgenommen. Es ist an der Zeit für Sie, weiterzuziehen und anderswo Ihr Glück zu suchen. Verlieren Sie nicht den Mut, denn solange Ihre Taten in Einklang mit TAO stehen, ist Ihnen ein günstiges Schicksal beschieden.

Es liegt an Ihnen,
sich vor einer Niederlage zu schützen.
Sun Tsu (4.2)

Der Begriff ›gläserne Decke‹ hat als Entschuldigung ausgedient, streichen Sie ihn also aus Ihrem Wortschatz. Wahre Siegerinnen sind mit ihrer Arbeit und Position zufrieden, unabhängig davon, wie andere diese bewerten. Wenn Sie sich in Ihrer Haut wohl fühlen, sind Sie eine Siegerin. Und das sollte allen genügen.

Bei jeder Frauentagung, zu der ich als Rednerin geladen bin, gestehen mir einige Frauen ihre Erleichterung darüber, dass ich ihnen ›die Erlaubnis gebe‹, eine Hausfrau zu sein, die auch im

Büro arbeitet. Sie bekennen sich dazu, dass sie keineswegs bestrebt sind, einen Posten als Vorstandsvorsitzende zu ergattern. Diese Welt bietet wahrlich genug Raum für die verschiedensten Träume. Kein Traum ist besser oder schlechter als die anderen. Wichtig ist nur, dass Sie ein aufregendes und erfülltes Leben führen. Dabei spielt es keine Rolle, ob Sie Glaspantoffeln oder Kampfstiefel bevorzugen, solange Sie das für Ihre Zwecke geeignete Schuhwerk tragen.

Natürlich geht eine Scharfschützin – wie Frau Rafidah – sogar in Glaspantoffeln als Siegerin aus der Schlacht hervor. Das ist TAO, Ihre Übereinstimmung mit dem Willen Gottes und menschlicher Güte.

Ich kann wahrlich behaupten, dass mich die Frage nach dem Erfolg einer Unternehmung niemals beeinflusst hat.
Wenn ich das Gefühl hatte, dass es das Richtige ist, dann war ich dafür, unabhängig vom möglichen Ausgang.

Golda Meir, ehemalige Premierministerin Israels

Mit mehr TAO zu mehr Erfolg

TAO befasst sich mit der Moral und Rechtschaffenheit einer Schlacht. Wer den Ausgang herbeiführt, muss dies richtig verstehen.
Sun Tsu (1.3)

Wie setzen Sie TAO beim Erreichen Ihrer beruflichen Ziele ein?
Schon seit Urzeiten haben weise Menschen der Rechtschaffenheit im Privat- und Geschäftsleben großen Wert beigemessen. Kurzfristige, schnelle Gewinne – ob persönlicher oder beruflicher Art – führen nicht unbedingt zu langfristigen Erfolgen. Wer gegen diesen einfachen Grundsatz verstößt, wird bald mit dem Schicksal hadern. Denn die Welt ist nicht nur rein gegenständlicher Natur, auch wenn Wissenschaftler und Geschäftsleute die Dinge gern vereinfachen. Dennoch sieht die Realität des Lebens so aus, dass die Welt sowohl gegenständlicher als auch geistiger Natur ist. Je mehr TAO wir haben, desto glücklicher und erfolgreicher sind wir. Wie bereits erwähnt, werden Sie am Ende stets die richtigen Ergebnisse erzielen, wenn Sie das Richtige tun.

Stellen Sie Ihre Übereinstimmung mit TAO anhand der folgenden Fragen fest:

Wie rechtschaffen ist Ihr Ziel?

Jede Situation beinhaltet einen Rechtmäßigkeitsfaktor. Alles, was Sie tun, jede Aufgabe beinhaltet einen Integritätsfaktor. Wenn Ihre Sache weder rechtschaffen noch vertretbar ist, dann werden Sie früher oder später eine Niederlage erleiden. Aus diesem Grund konnten sich alle Diktatoren der Welt nicht lange behaupten, gleichgültig, wie brillant sie auch gewesen sein mögen. Genauso verhielt es sich mit den Bauunternehmern in Taiwan, die einen kurzfristigen Erfolg genossen, bis TAO sie einholte. Was sie taten, war gegen den Willen Gottes.

Wenn Sie eine Beförderung anvisieren, sollten Sie auf jeden Fall wissen, warum Sie diese Beförderung wollen. Geht es Ihnen dabei um eine Gehaltserhöhung, Gewinnzuwachs, mehr Anerkennung, größere Verantwortung, die Möglichkeit, Ihre

Persönlichkeit besser zum Ausdruck zu bringen? Eine Gehaltserhöhung und höhere Unternehmensgewinne sind gute Beweggründe und können Sie durchaus dazu motivieren, sich Ihr Stück vom großen Kuchen zu sichern. Dennoch sollten Sie Folgendes bedenken: Wenn Ihnen Ihre Arbeit nicht um der Arbeit willen zusagt, Ihr Streben nach Erfolg also auf einer anderen Grundlage beruht, dann wird Ihr Interesse an dieser Arbeit sehr schnell erlöschen. Oder Sie schaffen es sogar bis zur Spitze, gelangen zu Macht und Geld, müssen dann jedoch feststellen, dass Sie inzwischen sowohl sich selbst als auch Ihre Arbeit hassen. Kurzum: Wenn Sie kein rechtschaffenes Ziel haben, werden Sie entweder versagen oder auf dem Weg zum Erfolg seelisch bankrott gehen.

Andererseits wird sich das richtige Ergebnis einstellen, wenn Sie das Richtige aus dem richtigen Grund tun. Als Joan wegen einer neu gegründeten Firma eines der größten US-Unternehmen verließ, ließ sie auch ein Rentenpaket in Höhe von einer Million Dollar zurück. Als sie ihre Arbeit bei dem neuen Unternehmen aufnahm, war ihr noch keine Führungsposition angeboten worden. Zu jenem Zeitpunkt war sie nichts weiter als eine angestellte Kraft. Sie erklärte mir: »Es war einfach das Richtige. Ich habe eine Million Dollar gegen einen Traum eingetauscht.« Inzwischen gilt dieses junge Unternehmen als das am besten geführte und am schnellsten expandierende Unternehmen der Welt. Auch finanziell wurde Joan belohnt – mit der mehr als zehnfachen Summe des Betrags, den sie zuvor aufgegeben hatte.

In der heutigen Geschäftswelt ist alles in schnellem Wandel begriffen. Daher werden Ihnen niemals genug Daten zur Verfügung stehen, um eine wirklich wohl überlegte Entscheidung treffen zu können. Wenn ich Zweifel habe, stelle ich mir die einfache Frage: »Ist dies wirklich das Richtige?« Meine goldene Regel lautet: »Tu das Richtige, und das richtige Ergebnis wird sich einstellen.« Zuweilen lässt das richtige Ergebnis auf sich warten, oder es nimmt eine Form an, die dem gewünschten Ergebnis zu widersprechen scheint. Aber am Ende wird sich herausstellen, dass TAO Ihnen stets beistehen und zum Sieg verhelfen wird.

Selbst Joan zweifelte an der Richtigkeit ihrer Entscheidung, als die neue Firma in den Anfangsjahren schwere Zeiten durchmachen musste. Dennoch meinte sie: »Wenn die Entscheidung im Einklang mit einer unleugbaren inneren Führung gefällt wurde, wie kann sie da falsch sein?«

Leiden Sie an einem aufgeblähten Ego?

Ein aufgeblähtes Ego birgt bereits den Keim der Selbstzerstörung in sich. Menschen mit aufgeblähtem Ego sind in seelischer oder geistiger Hinsicht teilweise blind und treffen daher unsinnige Entscheidungen.

Nachdem Alice in ihrem Familienunternehmen gescheitert war, wurde ihr die Leitung einer Papierfabrik angeboten. Sie ließ den Vorstandsvorsitzenden wissen, dass sie diese Aufgabe übernehmen werde, sofern man ihr einen Dienstwagen nebst Chauffeur zur Verfügung stelle. Nachdem sie das Familienunternehmen in den Ruin getrieben hatte, war ihr immer noch nicht klar geworden, dass ihr unerbittlichster Feind ihre eigene Überheblichkeit war. Wenn sie für ihren Arbeitgeber und die Aktionäre ausgezeichnete Arbeit geleistet hätte, hätte sie das Richtige getan. Dagegen hätte ein Wagen mit Chauffeur nicht von ausschlaggebender Bedeutung sein dürfen. Alice bekam die Stelle nicht und zehrt bis heute vom übrig gebliebenen, rasch dahinschwindenden Reichtum ihrer Familie.

Treibt Sie die reine Gier?

Wenn Sie etwas nur für Geld tun, haben Sie schon verloren. Konfuzius sagte: »Ein fähiger Mensch versteht etwas von Rechtschaffenheit, während ein unfähiger nur etwas von Gewinn versteht.« Wenn es Ihnen nicht mehr um die Aufgabe an sich, sondern ums Geld geht, wenn Weisheit der Unwissenheit weicht, dann ist Ihr Beweggrund keineswegs vertretbar.

Ein Fünf-Sterne-Hotel in Asien ist mit einer Eingangshalle ausgestattet, die mindestens so groß ist wie ein Fußballfeld. Der Fußboden dieser Halle ist aus edlem Marmor gefertigt. Bis vor kurzem gab es in diesem Hotel – wie auch in allen anderen Hotelhallen – ein Sofa, einen Tisch und mehrere Sitzgelegenheiten, wo die Hotelgäste ihre Besucher erwarten und empfangen konnten. Stets war die Hotelhalle voller Leute, es herrschte ein reges Treiben, und die Geschäfte gingen gut.

Eines Tages begann die Hotelleitung mit einem Bauvorhaben. Die zwei rechteckigen Bereiche auf beiden Seiten des Hoteleingangs, wo zuvor das Sofa und die Stühle standen, wurden nun abgetrennt. Nach Beendigung des Bauprojekts hatte die Hotelleitung die einst unentgeltlich nutzbaren Bereiche mit den Sitzgelegenheiten in zwei kleine Cafés verwandelt. Nun müssen alle, die im Bereich der Eingangshalle sitzen wollen, Kaffee bestellen.

Die Tasse Kaffee oder Tee kostet neun US-Dollar, und nachgeschenkt wird nur für weitere neun Dollar. Während Sie an Ihrem Kaffee nippen, versuchen die Bedienungen ständig, Ihnen Süßigkeiten zu verkaufen. Mit Steuern und Bedienungsaufschlag kostet ein zwangloses Treffen von vier Leuten über 100 Dollar. Es sieht nun so aus, dass im gesamten Hotel keine einzige Sitzgelegenheit mehr zu finden ist, die man ohne zusätzlichen Kostenaufwand nutzen könnte. Offensichtlich hatte die Hotelleitung nichts anderes im Sinn, als ihre Einkünfte zu steigern. Auf das Wohlbefinden der Gäste wurde bei der Planung keine Rücksicht genommen.

Natürlich ist es das Ziel jedes Unternehmens, Gewinne einzustreichen. Dennoch trägt ein kurzfristiger Gewinn nicht unbedingt zum Sieg bei. Früher war ich häufig Gast in diesem Hotel, aber diese neuen Geschäftspraktiken störten mich sehr. Ich will mich nicht mehr in diesem Hotel aufhalten und habe inzwischen ein anderes Hotel in der Innenstadt gefunden, das gastfreundlicher ist. Ich kann kein Hotel unterstützen, in dessen Eingangshalle ich mich nicht mit meiner Besucherin treffen kann, ohne eine Benutzungsgebühr entrichten zu müssen.

Seltsamerweise gab die Hotelleitung diese neuen Geschäftspraktiken nach drei Jahren wieder auf. Den Gästen steht nun wieder ein kleines Sofa samt Kaffeetisch unentgeltlich zur Verfügung. Anscheinend war ich nicht die Einzige, der die Vorstellung, der Gier der Hotelleitung ausgesetzt zu sein, nicht gefiel.

Sind Sie von Verzweiflung getrieben?

Das Wort ›Verzweiflung‹ lässt sich unter dieselbe Sparte einreihen wie ›Düsterkeit, Entmutigung, Depression, Angst, Entbehrung und Hoffnungslosigkeit‹. Das Gefühl der Verzweiflung schließt Kummer, Beklemmung, Hunger, Ausweglosigkeit, Ratlosigkeit und Überforderung ein. All diese Gefühle bewirken den Verlust von TAO und eigener Macht. Ihr Gehirn ist wie gelähmt und kann keine außergewöhnlichen und vortrefflichen Strategien mehr ausarbeiten. Wenn Sie sich im Zustand der Verzweiflung befinden, sollten sie am besten nichts tun, bis Ihre negative Stimmung verflogen ist. Dann können wieder Harmonie, Hoffnung und Optimismus – Kennzeichen von TAO – einkehren. Je mehr Sie aus Verzweiflung handeln, desto mehr müssen Sie später wieder gutmachen, wenn Sie dies nicht beherzigen.

Wem ist gedient und wer wird verletzt?

Je mehr Menschen Sie auf diesem Planeten dienen, und je weniger Menschen Sie verletzen, desto größer wird Ihr wahrer Erfolg sein. Zahlreiche Großunternehmen versuchen mit ausgefallenen Werbetricks Kunden zu fangen. Sie greifen auch gerne auf das ›Kleingedruckte‹ zurück, das ohne Vergrößerungsglas kaum zu entziffern ist. Aber die Verbraucher lernen mit der Zeit dazu und finden heraus, welche Firma 20 000 Angestellte beschäftigt, um ihnen die Daumenschrauben anzulegen, und welche Firma wirklich im Dienste ihrer Kunden tätig ist. Der Versuch, aus Profitgier Kunden zu angeln, wird die Verbraucher am Ende nur vergraulen. Das Erweisen eines echten, nützlichen Dienstes ist der einzige, rechtmäßige Weg zu langfristigem Erfolg.

Wenn Sie folgende Fragen stellen,
werden Sie wissen, welche der beiden Armeen den Sieg erringen wird:
Welche der beiden Befehlshaberinnen
steht im Einklang mit TAO*?*
Welche der beiden Befehlshaberinnen
ist überlegen?
Welche der beiden Armeen befindet sich im Vorteil
hinsichtlich der Umgebungsbedingungen und der Mittel?
Welche der beiden Armeen hat mehr
Disziplin und Methode?
Welche der beiden Armeen hat motiviertere Kriegerinnen
und die bessere Ausrüstung?
Welche der beiden Armeen hat besser ausgebildete Kriegerinnen?
Welche der beiden Armeen hat eindeutigere Vorschriften
für Bestrafung und Belohnung?
Sun Tsu (1.9)

Wenn Sie Ihre Ziele bereitwillig mit TAO in Einklang bringen, indem Sie das Richtige tun, so wird sich das richtige Ergebnis zweifellos einstellen. Wenn Sie und Ihr Ziel im Einklang mit TAO stehen, wird Ihre Erfolgsquote naturgemäß steigen. Mit mehr TAO zu mehr Erfolg. Sie werden es erleben.

II. Tien – Timing

*Der Himmel drückt sich in Yin und Yang aus,
in Sommer und Winter
und im Wechsel der vier Jahreszeiten.*
Sun Tsu (1.4)

Denn was von einer Gruppe von Frauen
vollbracht oder erlernt wird,
wird allen Frauen aufgrund ihres gemeinsamen Geschlechts
zu Eigen sein.

Elizabeth Blackwell, die als erste Frau in den
Vereinigten Staaten ein Medizinstudium absolvieren durfte

Das 21. Jahrhundert gehört den Frauen

*Das hervorströmende Wasser erzeugt eine enorme Bewegkraft,
genug, um riesige Steine mitzureißen.
Der fliegende Adler kann seine Beute töten,
indem er Entfernung und Zeit genau koordiniert.
Eine erfahrene Kriegerin führt ihre Truppen in die Schlacht,
indem sie eine überwältigende Stoßkraft freisetzt.*
Sun Tsu (5.9)

Was genau versteht man unter Timing oder dem richtigen Zeitpunkt? Das kollektive Unbewusste existiert in jedem gegebenen Umfeld. Timing ist genau der Punkt, an dem das Unbewusste in das Bewusstsein dringt. Nach dem 31. Dezember 1999 geschah etwas Wunderbares. Den Frauen wurde plötzlich bewusst, dass sie es leid waren, sich wie Männer zu gebärden, dass sie ihre Vorstellungen eines neuen weiblichen Bewusstseins endlich in ihr Leben integrieren wollten. Die Zeit ist gekommen, dass Frauen ihre ganze Weiblichkeit verstärkt zum Ausdruck bringen, statt ausschließlich in der Rolle der berufstätigen Frau zu glänzen.

Bis zum Frühjahr 2000 war diese plötzliche Erkenntnis noch nicht im kollektiven weiblichen Bewusstsein verankert. Danach waren überall Anzeichen davon zu erkennen, die die tiefe Sehnsucht nach einer weiblicheren Weltsicht widerspiegelte.

Selbst das Kaufhaus *Saks Fifth Avenue* pries seine Bekleidung für die berufstätige Frau wie folgt an: »Diese Kleidung erfordert einen eigenen Sinn für Stil, der ein wenig gewagt ist. Sie ist für Frauen gedacht, die für das Neue, das Ungewöhnliche, das Unerwartete offen sind. Sehen Sie die Welt mit neuen Augen. Tun Sie etwas Unerwartetes.« Auf den Bildern waren junge Frauen zu sehen, die – statt der klassischen, konservativen, der Herrenbekleidung nachempfundenen Uniform – geblümte oder blassrosafarbene Kostüme trugen. Dies war eine Folge der Veränderung im kollektiven Unbewussten.

Wenn Sie im Einklang mit Tien (Timing) sind, können Sie die Stoßkraft nutzen, die Ihnen Macht verleiht. Mit Timing sind Sie nicht zu bremsen, genauso wenig wie die Frauen zu Beginn des neuen Jahrtausends. Wir befinden uns an der Schwelle vom Zeitalter der Industriellen Revolution zum Informationszeitalter, von *seiner* Geschichte zu *ihrer* Geschichte, vom Jahrhundert des Mannes zum Jahrhundert der Frau. Tun Sie, was Ihnen gefällt, schließlich arbeitet das allgemein gültige Timing zugunsten der Frauen. In diesem neuen Jahrhundert, in diesem neuen Jahrtausend werden Frauen eine nicht aufzuhaltende Kraft darstellen. »Das 21. Jahrhundert gehört den Frauen.« Dieser Satz ist nicht nur ein Leitspruch, denn er kann leicht in die Tat umgesetzt werden.

Warum gehört das 21. Jahrhundert den Frauen?

Pazifische Fähigkeiten sind eindeutig weibliche Fähigkeiten

Das 21. Jahrhundert wird auch als das »Pazifische Jahrhundert« bezeichnet, da der Pazifik bereits der führende Wachstumsraum des 21. Jahrhunderts ist und auch bleiben wird. Mit dem Aufstieg der pazifischen Wirtschaftsmacht gewinnen auch die im pazifischen Raum beheimateten kulturellen Werte, die eher auf dem Nichtgreifbaren und Intuitiven beruhen, an Bedeutung.

Die in der westlichen Kultur vorherrschenden Werte – Direktheit, Vernunft, Logik, Freimütigkeit – lassen sich als männliche Eigenschaften einstufen. Die pazifischen oder asiatischen Fähigkeiten sind dagegen eindeutig den weiblichen Qualitäten zuzuordnen: Intuition, Feinsinn, nichtdualistische Einstellung. In der pazifischen Kultur wird ein ganzes Spektrum an Grautönen gesehen und erkannt, dass das Leben voll von Mehrdeutigkeit und Widerspruch ist. Das Verborgene ist realer als das Greifbare – was mit den Sinnen wahrnehmbar ist, zählt weniger als das, das die Sinne nicht zu erfassen vermögen.

Seit dem späten 20. Jahrhundert erobern asiatische Fähigkeiten auch die westliche Welt, von *Pokémon* über die Modeschöpferin Vera Wang bis zum Disney-Zeichentrickfilm *Mulan*. Der Film *Drei Engel für Charlie* zeigt auch einen asiatischen Engel. Im Buch *Sieben Wege* des Autors Stephen Covey findet sich asiatisches Gedankengut wieder. Und sogar James Clavell betätigte sich als Herausgeber von Sun Tsus Werk *Die Kunst des Krieges*. Noch Mitte des 20. Jahrhunderts wäre es völlig undenkbar gewesen, mit diesen östlichen Konzepten auf den Markt zu gehen.

Die Unternehmen entfernen sich von den rein materiellen Welten und betreten geistige Sphären. Damit nähern sie sich dem östlichen Denken an, dem weiblichen Aspekt der Wettbewerbsfähigkeit. Es handelt sich aber hierbei nur um die Spitze des Eisbergs. Es wird noch einige Zeit dauern, bis dieser Entwicklungsprozess abgeschlossen ist.

Im Informationszeitalter gewinnt das Verborgene an Wert

Weibliche Fähigkeiten – wie Einfühlungsvermögen, Intuition, Liebe, Entgegenkommen – wurden im von männlichen Vorstellungen geprägten Zeitalter der Industriellen Revolution als minderwertig eingestuft. Nun da wir an der Schwelle zum Informationszeitalter stehen, gehört die Muskelkraft als treibende Kraft der Gesellschaft der Vergangenheit an. Stattdessen ist Geisteskraft angesagt. Die den Frauen angeborene Fähigkeit, feine Bedeutungsunterschiede zu erkennen und Zugang zum Verborgenen zu finden, wird sich im neuen Jahrhundert als ein wesentlicher Wettbewerbsvorteil herausstellen.

Wie bereits erwähnt, war die Art des Zugangs zur Realität im 19. und frühen 20. Jahrhundert – ganz nach dem Vorbild der Industriellen Revolution – äußerst kraftvoll, energisch und sachlich. Im 21. Jahrhundert dagegen wandelt sich auch die Art, wie Menschen die Realität wahrnehmen. Sie wird sensibler, asiatischer und wurzelt stärker in der angeborenen weiblichen Fähigkeit, hintergründige Dinge zu begreifen.

Die Verbindung aus Informationszeitalter und Pazifischem Jahrhundert wird den Frauen Auftrieb verleihen

Die Verbindung aus Informationszeitalter und Pazifischem Jahrhundert wirft schon jetzt ihre Schatten voraus und kündigt eine explosionsartige Veränderung im Bewusstsein der weiblichen Energie an. Diese Verbindung zeigt deutlich, dass das neue Jahrhundert das Jahrhundert sein wird, in dem die männliche Kraft den differenzierteren intuitiven Fähigkeiten weichen wird. Mit diesen Fähigkeiten lassen sich auch Dinge ergründen, die außerhalb der Norm liegen. Das 21. Jahrhundert wird zunehmend von dieser weiblichen Energie beherrscht werden. Alles spricht dafür, dass noch in diesem Jahrhundert die erste amerikanische Präsidentin gewählt werden wird. Den Vorstandsvorsitz großer amerikanischer Unternehmen – wie *Hewlett-Packard* und *Lucent Technology* – haben bereits Frauen inne.

Die Zeit ist reif

Das 21. Jahrhundert gehört den Frauen. Die Zeit ist einfach reif dafür.

In der südkalifornischen Wüste ist einer der größten frei stehenden Felsblöcke der Welt zu finden. Jahrtausendelang ragte der über zwölf Meter hohe Fels dort empor. Seit Urzeiten hielten die Indianer diesen *Giant Rock* heilig. Nur dem Stammesoberhaupt war es gestattet, sich dem Felsen zu nähern und mit dem mächtigen Geist dieses außergewöhnlichen Felsblocks in Verbindung zu treten. Über den Stein war eine alte Weissagung getroffen worden, die von Generation zu Generation überliefert wurde. Diese Prophezeiung besagte im Wesentlichen, dass sich der Fels an einem Tag in ferner Zukunft in zwei Teile spalten würde. Und dieser einzigartige Vorfall würde den Beginn einer neuen Ära –

das ›Zeitalter der göttlichen Frau‹ – einleiten. Am 21. Februar 2000, um 8 Uhr 20, teilte sich der *Giant Rock* tatsächlich in zwei Hälften, wodurch weißer Granitstein freigelegt wurde, wie die Zeitung *High Desert Star* in der Ausgabe vom Mittwoch, dem 23. Februar 2000, berichtete.

Unter den fünf Elementen (Gold, Holz, Wasser, Feuer, Erde)
gibt es keinen ewigen Sieger.
Die vier Jahreszeiten wechseln einander ab.
Es gibt kurze und lange Tage
und der Mond hat zu- und abnehmende Phasen.
Sun Tsu (6.26)

Die Tatsache, dass Männer während der letzten Jahrtausende die politische und wirtschaftliche Macht innehatten, liegt an TIEN (Timing). Aber dieselben Kräfte, die einst den Männern in den Sattel halfen, werden im 21. Jahrhundert auch den Frauen ihre Kraft zurückgeben. Das 21. Jahrhundert gehört den Frauen, vergessen Sie das nicht. Das liegt eindeutig an der Macht des allgemein gültigen TIEN.

> Wir haben den Weg zur Gleichheit gewählt.
> Lassen Sie nicht zu, dass sie uns davon abbringen.
>
> *Geraldine Ferraro*, die erste Vizepräsidentschaftskandidatin der Vereinigten Staaten

Weibliche Fähigkeiten mit einem neuen Image verkaufen

Die erfahrene Kriegerin
zwingt ihrer Gegnerin ihren Willen auf,
lässt es aber nicht zu,
dass ihr der Wille der Gegnerin aufgezwungen wird.
Sun Tsu (6.2)

Jeder im Vertrieb tätige Mensch weiß, dass ein Produkt, ehe es verpackt und anschließend auf den Markt gebracht wird, mit einem bestimmten Image versehen wird, das der Öffentlichkeit vermittelt werden soll. Vorbei sind die Zeiten, in denen dies nur auf kommerzielle Güter zutraf. Heutzutage müssen auch Unternehmen – von *Whirlpool Corporation* bis *General Motors* – mit einem gewissen Image vermarktet werden, sogar Filmstars und selbst der Präsident der Vereinigten Staaten sind davon nicht ausgenommen.

Demzufolge ist auch Weiblichkeit ein Produkt, und zwar sicherlich das am irreführendsten etikettierte und am missverständlichsten dargestellte Produkt des 20. Jahrhunderts, wenn nicht gar der gesamten Menschheitsgeschichte. Frauen wurden als minderwertig und niederträchtig verkauft und mit allen abscheulichen, herabwürdigenden Eigenschaften belegt, die der Menschheit jemals in den Sinn gekommen sind.

Diese furchtbare und falsche Etikettierung zeigt sich beispielsweise in dem Irrglauben, dass Frauen als professionelle Feuerwehrleute ungeeignet sind. Bis vor kurzem glaubte selbst ich noch an dieses Märchen. Dann aber erhielt ich einen Telefonanruf von einem Leser, einem pensionierten Feuerwehrmann, der vierzig Jahre für die Feuerwehr von New York City gearbeitet hatte. Er lobte meine Bücher und versicherte mir, dass Frauen stets seine Unterstützung gefunden hätten. Ich antwortete ihm: »Auch ich denke, dass eine Frau nahezu alles so gut kann wie ein Mann, abgesehen vom Brandlöschen. Wenn ich in einem brennenden Haus eingeschlossen wäre, wäre ich sehr enttäuscht, wenn mir eine Feuerwehrfrau zu Hilfe käme. Von einem großen, kräftigen Feuerwehrmann würde ich mich lieber aus dem brennenden Gebäude tragen lassen.« Mein Leser erwiderte: »Diese Meinung ist nur auf die vollkommen falsche Vorstellung zurückzuführen, die durch Hollywoodfilme geprägt wird. In diesen Filmen sieht man einen muskulösen Mann, der in ein brennendes Gebäude läuft und Menschen auf seinen starken Schultern hinausträgt. Tatsächlich aber kann ein einzelner Mensch niemanden aus einem brennenden Gebäude retten. Da alle Feuerwehrleute mit schwerer Ausrüstung beladen sind, wird meist in Trupps gearbeitet. Wenn jemand geborgen werden muss, dann wird das in Teamarbeit erledigt. Außerdem bemisst sich Mut nicht am Geschlecht. Beim Brandlöschen können sich Frauen als ebenso erfolgreich und mutig erweisen wie Männer. Ich habe auch einige Feuerwehrmänner gekannt, die es angesichts eines brennenden Gebäudes mit der Angst zu tun bekamen. Diese Männer sind bei der Feuerwehr, weil sie ihre Familien ernähren müssen. Wenn es jedoch zu einer Krisensituation kommt, dann springen Kollegen für sie ein.«

Wer eine Geschichte wie diese hört, möchte sich sicherlich bei allen Frauen entschuldigen, die bei der Feuerwehr arbeiten. Diese Frauen mussten das ungerechtfertigte Vorurteil ertragen, das ihnen die Gesellschaft und auch einige Kollegen entgegenbrachten. Diese Fehlinformationen über Feuerwehrfrauen werden durch Film und Fernsehen transportiert. Und die Filmbranche wird, wie die meisten Branchen, von Männern beherrscht. Die Hindernisse, die den Feuerwehrfrauen – und auch den Frauen in allen anderen Bereichen – in den Weg gelegt werden, sind größtenteils das Resultat einer irreführenden Vermarktung von Frauen.

Wie können Frauen von den Möglichkeiten, sich von TIEN (Timing) tragen zu lassen, profitieren? Die Kraft von TIEN wird die Frauen im 21. Jahrhundert ebenso begünstigen, wie der Vollmond die Flut bringt, um auf dem Sandstrand aufgelaufene Schiffe freizulegen. So, wie der Kapitän das Schiff auf dem richtigen Kurs halten muss, müssen Frauen den allgemein richtigen Zeitpunkt (TIEN) nutzen und die weiblichen Fähigkeiten neu verpackt auf den Markt bringen. Auf diese Weise können sie alle Irrtümer der Vergangenheit berichten und der Welt ein neues Image weiblicher Qualitäten präsentieren.

Welche Verpackung kommt nun für die weiblichen Fähigkeiten in Frage? Auf jeden Fall muss eine Verpackung gefunden werden, die ansprechend wirkt. Das alte, irreführende Etikett beruhte ohnehin auf keiner wissenschaftlichen Basis. Die neue Aufmachung sollte Frauen in ein günstigeres Licht rücken. Sicherlich war jede alte Verpackung eine größere Mogelpackung, als es eine neue je sein kann.

Im Folgenden finden Sie meine Vorschläge für ein neues Frauenimage. Allerdings halte ich diese nicht für abschließend. Daher freue ich mich sehr über Ihre Zuschriften. Teilen Sie mir Ihre Ideen zu diesem Thema mit. Mit vereinten Kräften können wir die ganze Welt von einem dynamischen, neuen Image weiblicher Qualitäten begeistern.

Neues Image für Frauen

Neue Siegerinnen

Im Jahr 1995 stellte Bill Koch – Industriemilliardär und Pokalsieger beim *America's Cup* im Jahr 1992 – das erste ausschließlich aus Frauen bestehende Team zusammen, das jemals an diesem Wettbewerb teilnahm. (Der *America's Cup*, der älteste Sportwettbewerb der Geschichte, wird seit dem Jahr 1851 veranstaltet.) Deswegen stand Herr Koch auch allgemein im Ruf, verrückt zu sein. Es hieß, Frauen seien nicht kräftig genug, im Segeln zu unerfahren und für den Wettbewerb nicht zäh genug. Die alte Männergarde in den Jachtklubs lachte und spottete nur. Das Frauenteam nahm es jedoch mit den allerbesten Mannschaften der Welt auf und erreichte am Ende den dritten Platz.

Herr Koch kommentierte: »Wenn wir nicht einige grundlegende Fehler gemacht hätten, dann hätten diese Frauen möglicherweise den *America's Cup* gewonnen. Die Fehler bestanden darin, dass wir keine Frauen in der Leitung hatten. Wir haben diese

Frauen wie eine Gruppe Männer geleitet. Uns war nicht klar, dass Frauen eine andere Art von Kommunikation brauchen, um so wettbewerbsfähig zu sein, wie sie es hätten sein müssen. Diese Frauen waren unglaublich stark. Durch ein einjähriges Training entwickelten sie solche körperlichen Kräfte, dass kein einziger Mann aus den anderen Mannschaften es gewagt hätte, sich mit ihnen anzulegen. Am Ende der Saison konnte jede Frau, auf der Drückerbank liegend, das Gewicht ihres Partners oder Ehemannes drücken. Einer Frau gaben wir den Spitznamen ›Ziegelstein‹. Sie war 1,62 Meter groß, wog 95,25 Kilogramm, und ihr Körperfettanteil betrug weniger als fünf Prozent. Sie konnte das Gewicht ihres 122,01 Kilogramm schweren Ehemanns stemmen.«

Bei ihrem ersten Rennen räumten die Frauen jeglichen Zweifel an der Stärke des weiblichen Geschlechts aus. Dennis Conners, der berühmte amerikanische Segler, forderte die Frauen heraus und verlor gegen sie. Später erklärte Conners bei einer Pressekonferenz, er werde als der Mann in die Geschichte eingehen, der die zwei größten Niederlagen einstecken musste. Bei seiner ersten Niederlage im Jahr 1984 habe er gegen die Australier verloren, und bei seiner zweiten habe er als erster Mann gegen ein Frauenteam beim *America's Cup* verloren. Die Frauen in diesem Team bewiesen sowohl in geistiger als auch in körperlicher Hinsicht mehr Durchhaltevermögen als die Männer.

Frauen können in jedem Bereich gegen Männer gewinnen. Wenn Frauen siegen, sollten sie aufstehen und aller Welt verkünden, dass sie Siegerinnen sind. Es ist an der Zeit, Frauen ein neues Image zu geben – das von Siegerinnen.

Hervorragende Teamspielerinnen

Männer gelten im Allgemeinen als die besseren Mannschaftsspieler. Herr Koch erzählte eine aufschlussreiche Geschichte, die zeigt, dass Frauen sogar bessere Teamspieler als Männer sein können: »Als wir uns auf den *America's Cup* vorbereiteten, stellten wir noch etwas anderes fest: Schon zwei Wochen nach der Auswahl wuchsen die Frauen als Team zusammen, während es bei den Männern ganze achtzehn Monate – sie waren längst mitten im Finale – dauerte, bis sie sich endlich zusammenrauften.

Die Frauen schafften es auch, täglich die notwendigen Pflichten zu erfüllen. Nach dem Einkommen mussten wir die Segel einholen und vollkommen trocknen, das Schiff säubern, den Boden schmirgeln und alle Winschen, den Mast und alle anderen Teile, die beschädigt worden waren, wieder in Ordnung bringen. Für die Erledigung all dieser Aufgaben brauchten die Frauen nur halb so viel Zeit wie die Männer. Die Frauen teilten sich in tatkräftige Gruppen auf, die sich schnell aufeinander einspielten. Sie verschwendeten ihre Zeit nicht mit Gerede, sondern machten sich gleich an die Arbeit. Die Männer dagegen waren sich für eine Arbeit häufig zu schade und diskutierten lieber darüber, wie eine Aufgabe am besten zu erledigen sei. Die Frauen wollten nicht von einer einzigen Person geleitet werden, denn das hätten sie als Tyrannei empfunden. Wichtiger war für sie eine Führung, die auf einem einhelligen Konsens beruhte. Davon waren wir sehr beeindruckt.« Diese Worte berührten mich zutiefst. Wer Frauen als schlechte Teamspielerinnen bezeichnet, hat diese Frauen offenbar niemals in Aktion erlebt.

Erfolgreiche Konkurrentinnen

Nach landläufiger Meinung können und wollen Frauen nicht konkurrieren, weil sie von Natur aus mitfühlender und sensibler sind. Herr Koch merkte an: »Unser größter Fehler bestand darin, Frauen nicht zu ermutigen, direkt miteinander zu konkurrieren, Führerschaft anzuerkennen und auch selbst die Rolle der Führungskraft zu übernehmen. Dies halte ich für einen der größten Irrtümer, die unsere Gesellschaft je begangen hat. Im Sport lernen Jungen von klein auf, miteinander in Wettbewerb zu treten. Den Mädchen wird dagegen die für den Wettbewerb erforderliche Zähigkeit abgesprochen. Wie die meisten Menschen in unserem Kulturkreis gingen auch die männlichen Trainer und Sportmanager davon aus, dass die Frauen nicht um Positionen im Schiffsteam konkurrieren wollten, um ihre Freundinnen nicht zu verletzen. Im Wettbewerb waren diese Frauen jedoch genauso unerbittlich und erbarmungslos wie alle Männer, die wir jemals erlebt haben.«

Nur weil Frauen sensibel und einfühlsam sind, heißt das noch lange nicht, dass sie die Spannung beim Wettbewerb nicht genießen können. Einfühlungsvermögen und Spaß am Wettbewerb schließen sich nicht aus, wie fälschlicherweise angenommen wird.

Erschafferinnen und Bewahrerinnen der Schönheit

Ohne Frauen würde diese Welt einer Junggesellenwohnung gleichen – übel riechend, schmutzig und unordentlich. Es geht das Gerücht, dass Präsident Kennedy, als er noch Senator und noch nicht mit Jackie verheiratet war, eine Junggesellenwohnung in Washington gemietet hatte. Nach dem Tod Präsident Kennedys enthüllte sein Vermieter, dass der Müll in dieser Wohnung kniehoch gelegen habe. Dieser Mann war nach außen hin sehr elegant, andererseits hatte er seine Wohnung scheinbar vollkommen verwahrlosen lassen. Frauen sind die Vertreterinnen überirdischer Schönheit auf Erden. Gemeint ist hier die erhabene Schönheit, nicht die Schönheit eines Topmodels, die von Mode und Trends bestimmt wird. Die Welt braucht eine weibliche Note. Natürlich können auch Männer diese weibliche Qualität haben. Dennoch bleibt diese Art von Schönheit eine Domäne der Frauen.

Hüterinnen der Menschlichkeit

Seit Menschengedenken waren Männer mit Schlachten und Kriegen beschäftigt, während sich die Frauen um die Familie und das Heim kümmerten und für die Beständigkeit sorgten, ohne die die Menschheit nicht hätte bestehen können. Menschlichkeit drückt sich in der Liebe, Fürsorge und Harmonie der Frauen aus. Ohne diese Qualitäten gäbe es keinen Glanz auf dieser Erde, ohne Menschlichkeit keine Schönheit. Frauen hüten diesen Glanz, indem sie Harmonie, Liebe, Schönheit und Glück schenken.

Ordnungshüterinnen Gottes

Ein australisches Sprichwort besagt, dass Frauen die Ordnungshüterinnen Gottes sind. Australische Männer sind dafür berüchtigt, rauflustig zu sein, wie Schluckspechte zu trinken und nur zu ihrem Vergnügen Leute anzupöbeln. Sie haben es den Frauen zu verdanken, dass sie nicht allzu sehr aus der Reihe tanzen. Männer überschreiten stets die Grenzen. Es ist unschwer zu erkennen, dass Gott die Frauen schuf, damit sie Männer davon abhalten, zu sehr über die Stränge zu schlagen. Was würden Männer sich und anderen antun, wenn es keine Frauen gäbe?

Zähe und ausdauernde Geschöpfe

Der himmlische Schöpfer wies Frauen die Aufgabe zu, für den Fortbestand der menschlichen Rasse zu sorgen. Dies geschah nicht aus reinem Zufall, sondern mit voller Absicht, denn Frauen sind das zähere Geschlecht. Sie können wesentlich mehr Schmerzen ertragen als Männer, daher übertrug Gott Frauen die schmerzhafteste aller Arbeiten – das Kindergebären. Müssten Männer die Kinder austragen, wäre die Anti-Baby-Pille schon seit

Jahrtausenden ein Verkaufshit. Jahrtausendelang gab es die Möglichkeit des Kaiserschnitts noch nicht. Kinder wurden nur durch den Willen der Mutter zur Welt gebracht, wobei unzählige Frauen starben. Mit ihrer Zähigkeit und ihrem Durchhaltevermögen können Frauen ihre zuweilen geringere Körperkraft ausgleichen.

Sensible Wesen

Eine Frau trägt ihr Kind neun Monate lang mit liebevoller Zärtlichkeit unter dem Herzen. Sie sorgt für sich und ihr ungeborenes Kind. Sie ändert ihren Lebensstil und verzichtet während ihrer Schwangerschaft auf viele Aktivitäten. Müsste ein Mann ein Kind austragen, so würde er es wahrscheinlich während eines ›unverzichtbaren‹ Fußballspiels verlieren. Die weibliche Sensibilität wirkt sich darauf aus, wie Frauen für ihre Familie sorgen, wie sie langfristig das finanzielle, körperliche und seelische Überleben der Familie sichern. Die Erhaltung und Erneuerung der Menschheit beruht auf der weiblichen Sensibilität.

Intuitive Wesen

Auch die Fähigkeit einer Frau, ihr hilfloses Kind zu verstehen, zu umsorgen und zu beschützen, ist kein Zufall, sondern vielmehr göttliche Planung. Intuitive Fähigkeiten sind den Frauen angeboren, so dass das Überleben ihrer Kinder und somit auch das der gesamten Menschheit gesichert ist. Den männlichen Führungskräften, die zu mir kommen, empfehle ich stets, den Rat ihrer Frau einzuholen, wenn sie bei einer Sache mit ihrer eigenen Intuition nicht weiterkommen.

Wächterinnen der Leere und Hüterinnen der Schöpfung

In der asiatischen Philosophie ist die Leere der Raum, an dem die Schöpfung ihren Anfang nimmt. Der himmlische Schöpfer schuf in jeder Frau diesen leeren Raum, in dem die Schaffung des Lebens beginnt. Diese Leere ist die Geburtsstätte/die Quelle/ der Ursprung des menschlichen Daseins. Daher ist eine Frau ein Mikrokosmos der Schöpfung und auf diesem Planeten die natürliche Hüterin der Schöpfung.

Hüterinnen der Mutter Erde

Im Universum sind drei wesentliche Kräfte am Werk: die Kraft der Zerstörung, die Kraft der Schöpfung und die Kraft der Bewahrung. Bisher haben sich Männer vor allem durch ihr großes Talent zur Zerstörung ausgezeichnet. Zusammen jedoch erschaffen Männer und Frauen neues Leben. Allerdings war es stets den Frauen vorbehalten, Leben zu erhalten und zu bewahren. So wird es auch bleiben. Frauen verfügen über die notwendige geistige und körperliche Energie, die die Lebendigkeit in ihrer Umgebung erhält.

Überlegen ist die Befehlshaberin,
die den Vorteil zu erkennen vermag,
der im Annehmen von veränderten Bedingungen liegt.
Sun Tsu (8.4)

Kürzlich, als ich in Malaysia war, erzählte mir Frau Rafidah, die malaysische Ministerin für internationalen Handel, eine Geschichte. Eine der Fragen, die die Presseleute allen Frauen in Machtpositionen immer wieder gerne stellen, lautet: »Wie schaffen Sie es, die hohen Anforderungen, die Ihr Beruf an Sie stellt, mit Ihren familiären Pflichten in Einklang zu bringen?« Auch bei einer Pressekonferenz, die am Flughafen in Singapur abgehalten wurde, tauchte diese Frage wieder einmal auf.

Frau Rafidah antwortete nur beiläufig: »Warum fragen Sie nicht Lee Kuan Yew, wie er seine beruflichen und familiären Pflichten als Vater und Ehemann unter einen Hut bringt?« (Lee Kuan Yew ist der Gründungsvater und frühere Premierminister Singapurs und auch heute noch der mächtigste Mann dieses Landes). Und sie fuhr fort: »Diese Frage verdient keine Antwort.« Damit ging sie hinaus, und die Pressekonferenz war beendet.

Jede Frau ist für das neue Image verantwortlich, mit dem weibliche Fähigkeiten verpackt und verkauft werden. In diesem dynamischen neuen Jahrhundert trifft dies ganz besonders zu, denn das allgemein gültige T<small>IEN</small> arbeitet zugunsten der Frauen. Diesen richtigen Zeitpunkt müssen die Frauen aber auch nutzen. Die Flut kann zwar ein aufgelaufenes Schiff freilegen, aber ohne die entsprechenden Navigationsfähigkeiten des Kapitäns wird das gestrandete Schiff an einer felsigen Meeresklippe zerschmettern. Wie jeder Kapitän muss auch jede Frau ihren Teil zum Gelingen beitragen.

Kurzum: Jede einzelne Frau muss dafür sorgen, dass das Produkt Frau mit einem neuen Image auf dem Markt angepriesen wird. Wenn Sie es schon nicht für sich selbst tun, dann sollten Sie wenigstens an alle zukünftigen Generationen denken.

> Was uns gegenwärtig noch undenkbar erscheint,
> ist in einem anderen Jahrzehnt durchaus denkbar.
>
> *Constance Baker Motley*, die erste schwarze
> Bundesrichterin der Vereinigten Staaten

Wie Sie Ihr Timing verbessern

*Eine erfahrene Kriegerin sucht den Sieg zu erringen,
indem sie den richtigen Zeitpunkt nutzt.*
Sun Tsu (5.18)

Timing ist alles, das ist allgemein bekannt, und dennoch ist es nicht zu kontrollieren. Wie also können Sie Ihr Timing verbessern, wenn Sie es doch nicht berechnen können? Wenn beispielsweise Ihr Produkt – oder Ihre Dienstleistung – dem allgemeinen Zeitgeschmack nicht entspricht, weil Sie damit Ihrer Zeit voraus sind, dann werden Sie mit Absatzschwierigkeiten zu rechnen haben. Wenn das Produkt zu spät auf den Markt kommt, dann hinken Sie damit Ihrer Zeit hinterher, und der Reiz des Neuen ist bereits verflogen. Daher müssen Sie abschätzen, ob zwischen Ihrer Planungsphase und dem Zeitpunkt, zu dem Ihr Produkt auf den Markt kommt, eine Marktlücke vorhanden sein wird, die Sie mit Ihrem Produkt füllen können.

Sie können Menschen keine Dinge verkaufen, die diese gar nicht haben wollen. Vielmehr muss Ihr Produkt ein unbewusstes Bedürfnis in ihnen befriedigen. Wenn die Leute das Produkt sehen, müssen sie glauben, dass sie nur darauf gewartet haben. Darauf hat sich Sun Tsu bezogen, als er vom ›richtigen Zeitpunkt‹ und dem ›erfahrenen Krieger‹ schrieb.

Wie können Sie Ihr Timing verbessern?

1. Erkennen Sie die verborgenen Signale in Ihrer Umgebung

TIEN wird durch den Wechsel von
Yin und Yang, Winter und Sommer,
günstigen und ungünstigen Zeiten angedeutet.
Sun Tsu (1.6)

In einem Interview wurde Donna Karan gefragt: »Woher wissen Sie, was Sie für die nächste Saison entwerfen wollen?« Ihre Antwort war bestechend einfach. Sie erklärte, dass sie auf die großen und kleinen Signale in ihrer Umgebung achte. Bestimmte Farben und Muster seien immer wieder zu sehen, ob auf der Straße, in der U-Bahn oder im Fernsehen.

Anhand dieser Signale könne sie erkennen, dass sie auf der richtigen Spur sei, und dieser Spur folge sie dann auch. Das dürfte sicherlich jeder Frau bekannt vorkommen. Irgendwann hat jede Frau ihren unwissenschaftlichen gesunden Menschenverstand eingesetzt, um zu entscheiden, wann, wie und ob sie ein bestimmtes Projekt in Angriff nehmen will.

2. Stimmen Sie Ihr Timing auf das Ihrer potenziellen Geschäftspartner ab

Am Morgen ist der Geist der Truppen geschärft.
Gegen Ende des Tages neigen sie zur Ermüdung.
Bei Einbruch der Dunkelheit wollen sie
in das Lager zurückkehren.
Daher meidet eine fähige Kriegerin bei der Schlacht
die wachen Momente der Feindin
und greift an, wenn die Feindin nur mehr
die Rückkehr ins Lager im Sinn hat.

Sun Tsu (7.26)

Wer in der Seminarverkaufsförderung tätig ist, weiß, dass das Timing für den Erfolg eines Seminars von ausschlaggebender Bedeutung ist. Wird die Seminargebühr von der Firma der Seminarteilnehmer entrichtet, dann bevorzugen die Teilnehmer ein Seminar, das während der Arbeitswoche gehalten wird. Wird die Gebühr dagegen von den Seminarteilnehmern selbst bezahlt, dann ziehen die Teilnehmer das Wochenende als Seminartermin vor.

Natürlich sollten für die Zeit zwischen Weihnachten und Neujahr keine Seminare eingeplant werden.

Wenn Sie beabsichtigen, ein Verkaufsgespräch zu führen oder ein geschäftliches Angebot zu unterbreiten, so sollten Sie einen für Ihren Kunden günstigen Moment abwarten. Ein ungünstiger – ebenso wie ein günstiger – Augenblick ist von Situation zu Situation und von Mensch zu Mensch unterschiedlich. Je nach Person oder Branche kann beispielsweise Montagmorgen oder Freitagnachmittag oder auch jeder andere Zeitpunkt der Woche ungünstig sein.

Ich kenne einen Zeitschriftenverleger, der nach 17 Uhr 30, wenn alle Angestellten gegangen sind und sich das Chaos im Büro gelegt hat, am ansprechbarsten ist. Zu dieser Zeit ist er am besten zu erreichen. Überflüssig zu erwähnen, dass sein Assistent um diese Uhrzeit nach Hause gegangen ist. Daher muss dieser Herausgeber nach 17 Uhr 30 seine Telefonanrufe selbst entgegennehmen. Der Grundsatz des richtigen Zeitpunkts trifft auch auf die Terminabsprache für eine Massage zu. Finden Sie heraus, wann die Masseurin mit ihrer Arbeitsschicht beginnt, und versuchen Sie, einen frühen Termin bei ihr zu bekommen. Dann können Sie von ihrer körperlichen und geistigen Bestform profitieren.

3. Stimmen Sie Ihr Ziel auf das Timing ab

Der Angriff einer guten Kriegerin gleicht
dem Spannen der Armbrust –
voller Kraft und Spannung.
Wenn sie den Drücker zieht,
fliegt der Pfeil mit genauer Berechnung
der Entfernung, der Zeit und des Ziels.
Nicht zu früh,
nicht zu spät.

Sun Tsu (5.12)

Die Planung des US-Weltraumprogramms für das Jahr 2020 musste bereits im Jahr 1997 in die Wege geleitet werden. Schließlich dauert es mindestens 20 Jahre, bis alle neuen Technologien ausgereift sind, die Probleme bis ins Detail geklärt sind und ein erfolgreiches Programm in Gang gesetzt ist. Das bedeutet, dass die Planer schon über einen teleskopischen Weitblick verfügen mussten, um sich vorstellen zu können, wie das Weltraumprogramm im Jahr 2020 aussehen könnte und sollte.

Wenn Sie bereit und zugleich gefragt sein wollen, müssen Sie ein gutes Timing haben. Bevor Sie ein neues Projekt starten oder ein neues Produkt auf den Markt bringen, müssen Sie sich folgende Fragen stellen: Wie lange wird es dauern, bis das Projekt abgeschlossen ist, und besteht dann immer noch eine Nachfrage?

Dafür gibt es keine feststehenden Regeln. Gutes Timing zu haben bedeutet nicht unbedingt, stets die erste Anbieterin auf dem Markt zu sein. In manchen Fällen wird es Ihnen durchaus gelegen kommen, wenn Ihre Konkurrentin ihr Produkt zuerst einführt, da sie dann die hohen Kosten für die Vorarbeit – Bearbeitung der Verbraucher, Groß- und Einzelhändler – tragen muss, während Sie anschließend in ihrem Windschatten segeln können. Sie müssen herausfinden, wo Ihre Stärken liegen.

Wenn Ihre Stärke in den Bereichen Forschung und Entwicklung liegt, so müssen Sie als erste Anbieterin auf den Markt gehen. Sind Sie dagegen besonders gut in der Kostenkontrolle, dann überlassen Sie den Konkurrentinnen den Vortritt, um dann deren Preise zu unterbieten. Es kommt nur darauf an, das Timing auf Ihr Ziel abzustimmen.

4. Mit Intuition den richtigen Zeitpunkt erkennen

*Obwohl die Menschen
die Durchführung meiner Taktiken sehen können,
vermögen sie dennoch nicht zu erkennen,
was sich hinter der Planung
solcher unvergleichlicher Strategien verbirgt.*
Sun Tsu (6.27)

Judith Regan, die Verlegerin der *Regan Books* bei *Harper Collins Publishers*, erzählte mir einmal: »Ich strecke meinen Finger in die Luft und spüre dann, welches Buch ich kaufen soll.«

Timing ist sehr eng mit Intuition verbunden. Intuition lässt sich aber nicht planen, sie ist einfach da, wie ein Gefühl im Bauch, das sich nicht unbedingt erklären lässt.

Haben Sie schon einmal Folgendes erlebt? Sie diskutieren mit einigen Leuten über ein Thema und staunen selbst über all die Weisheiten, die aus Ihrem Mund kommen. Zu Hause angekommen müssen Sie feststellen, dass Sie diesen Zustand nicht um alles in der Welt wiederherstellen könnten. Zuweilen kann Intuition durch Brainstorming angeregt werden, und ganz unvermittelt erkennt man den richtigen Zeitpunkt.

Wenn Sie einen guten Zugang zu Ihrer Intuition haben, dann fällt es Ihnen wesentlich leichter, Ihr persönliches Timing zu finden. Es wurden zahlreiche Bücher darüber geschrieben, wie Sie Ihre Intuition am besten schulen. Dennoch bleibt es stets eine Herausforderung, diese Fähigkeit zu vervollkommnen. Bis sie jedoch so weit sind, müssen Sie mit der Unbeständigkeit und Unzuverlässigkeit Ihrer Intuition leben. Neben der Intuition benötigen Sie noch eine zusätzliche Sicherheit, mit der Sie Ihr Timing auf seine Richtigkeit hin prüfen können.

5. Mit Daten und Planung die Intuition untermauern

*Der Sieg lässt sich insofern voraussagen, als
der Grad des Erfolgs vom Ausmaß der Planung abhängt:*

1. *Sorgfältige Planung – noch vor der Schlacht haben Sie den Krieg bereits gewonnen.*
2. *Nachlässige Planung – noch vor der Schlacht haben Sie den Krieg möglicherweise schon verloren.*
3. *Keine Planung – Ihre Niederlage ist besiegelt.*
4. *Planung ist der Schlüssel zu Sieg und Erfolg.*

Sun Tsu (1.16)

Solange Sie nicht hundertprozentig auf Ihre Intuition vertrauen können, sollten Sie versuchen, Ihre Vermutung über den richtigen Zeitpunkt durch das Einholen zuverlässiger Informationen zu untermauern. Wenn Sie sich von Ihrer Intuition leiten lassen, haben Sie immerhin einen brauchbaren Ausgangspunkt, und Sie wandern nicht ziellos durch die Gegend. Selbst wenn Sie über eine untrügliche Intuition verfügen, sollten Sie andere nicht wissen lassen, dass Ihre Informationsgewinnung auf Ihrem Gefühl beruht. Das Gefühl in Ihrem Bauch sollten Sie als eine Art Kompass benutzen, der Ihnen anzeigt, wo Sie Informationen finden und sammeln können. Danach können Sie die Daten aufnehmen und eine vernünftige Erklärung dafür anbieten, wie Sie zu Ihrem Entschluss gekommen sind, nämlich durch eine gründliche Planung und das Zusammentragen zuverlässiger Informationen.

6. Nutzen Sie Ihren gesunden Menschenverstand

*Es gibt eine geeignete Jahreszeit und geeignete Tage,
um die Feindin mit Feuer anzugreifen.*
Sun Tsu (12.3)

Wenn der Wind Ihnen entgegenweht, sollten Sie das feindliche Lager nicht in Brand stecken. Überprüfen Sie daher stets, aus welcher Richtung der Wind weht.

Im Sommer grillen die Menschen gerne, weil das Timing auf ihrer Seite ist. Das Wetter ist heiß und trocken. Bei heftigem Regen will kein Mensch grillen. Das ist nichts weiter als gesunder Menschenverstand. Warum auch sollten Sie gegen ihre eigenen Interessen handeln? Nutzen sie Ihr persönliches Timing, um Ihre Ziele zu erreichen. Der gesunde Menschenverstand ist nicht so selbstverständlich wie man glaubt. Dabei geht es darum, die allgemeinen Signale und den richtigen Zeitpunkt zu erkennen.

Ein ausgezeichnetes Timing (TIEN) entsteht durch das Auftauchen von unbewussten kollektiven Bedürfnissen, das zeitgleich mit dem Vorhandensein der perfekten Ideen/Produkte/Menschen, die diese Bedürfnisse befriedigen, abläuft. Timing ist ein Geschenk des Himmels. Besonders die Rechtschaffenen bedenkt die Göttin mit der Gnade des richtigen Zeitpunkts.

Sie können das Timing zwar nicht kontrollieren, aber durchaus verbessern, indem Sie genauestens planen, Ihre Intuition nutzen, Ihren gesunden Menschenverstand gebrauchen und die mühselige Arbeit der Informationsbeschaffung erledigen. Sodann führen Sie Ihren Plan zu einem günstigen Zeitpunkt durch. Wenn Sie TAO in Ihr Alltagsleben integrieren, werden Sie Ihr Timing ganz zwangsläufig verbessern.

III. Dɪ – Erde

Die Erde umschließt große und kleine Entfernungen,
Gefahr und Sicherheit,
offenes Gelände und schmale Pässe.
Sun Tsu (1.5)

> Aus Erfahrung weiß ich, dass
> unser Glück oder Unglück
> vorwiegend von unserer Sicht der Dinge
> – und nicht von unseren Gegebenheiten – abhängt.
>
> *Martha Washington*, Ehefrau des 1. Präsidenten
> der Vereinigten Staaten, 1731-1802

Aus der Not eine Tugend machen

Aus Ordnung erwächst Chaos.
Aus Mut erwächst Feigheit.
Aus Stärke erwächst Schwäche.
Sun Tsu (5.14)

Nichts ist an sich nur positiv oder negativ. Es kommt nur darauf an, wie Sie mit dem, was Sie haben, umgehen. In Kampfsituationen sind bestimmte Bedingungen vorgegeben – vor Ihnen mag ein Berg liegen, hinter Ihnen ein Fluss verlaufen. Diese Faktoren können Sie nicht verändern. Ihr Gelände wird stets günstige und ungünstige Gegebenheiten aufweisen. Als Generalin auf dem Schlachtfeld ist es Ihre Aufgabe, herauszufinden, wie Sie die Gegebenheiten am besten nutzen können. Im Leben müssen Sie sowohl Ihre Schwächen als auch Ihre Stärken kennen. Sie müssen wissen, wie Sie aus der Not eine Tugend machen und gewahr sein, dass sich eine Stärke eines Tages auch als Schwäche entpuppen kann. So kann Größe für ein Großunternehmen ein Vorteil sein, da Größe Stärke und Stabilität bietet. Großunternehmen können jedoch nicht besonders flexibel auf Veränderungen reagieren. In dieser Beziehung gleichen sie Elefanten, die auch nicht gerade wendig sind. Größe kann sich also auch als Nachteil erweisen.

Li ist Majorin bei der chinesischen Armee und dient als Musikoffizierin. Mehrfach beantragte sie, in eine Eliteuniversität für Kampftraining aufgenommen zu werden. Sie wurde jedoch abgelehnt, obwohl sie die schwere Prüfung bestanden hatte. Alle angenommenen Studenten waren Generäle mit Kampferfahrung.

Nach langem Widerstreben gewährte ihr die Armee schließlich doch Zugang zu dieser besonderen Militärakademie. Mein Freund, ein General, der im selben Jahrgang wie Li war, berichtete mir, dass Li bei jeder geplanten Schlacht die Generäle mit ihrer Strategie besiegt habe und stets die erste oder zweite Position – von insgesamt 30 möglichen – erreicht habe.

Ausschlaggebend dafür war, dass alle Generäle von derselben Militärhochschule kamen. Dort hatten sie gelernt, ihre Strategien unter Anwendung derselben klassischen Theorien und Taktiken zu entwerfen. Die Majorin hatte niemals eine öffentliche Militärakademie besucht und daher auch keine Kurse über die Planung von Kampfstrategien absolviert. Aus diesem Grund wich ihre Denkweise von der ihrer Kommilitonen stark ab.

Die Majorin überraschte ihre männlichen Kollegen stets von neuem. Niemals wussten sie, wie Lis nächster Schritt aussehen würde, und immer wieder wurden sie durch ihre außergewöhnlichen Strategien und unergründlichen Manöver überlistet. Eine Frau zu sein und keine traditionelle Militärhochschule besucht zu haben, war zunächst von Nachteil, hat sich jedoch letzten Endes als Vorteil herausgestellt.

Die Tatsache, dass Sie eine Frau sind, kann für oder gegen Sie arbeiten. Die geschlechtliche Zugehörigkeit ist, wie alles andere im Leben, weder nur vorteilhaft noch nur nachteilig. Wie Sie hat jeder Mensch in seinem Leben mit einer Reihe von Widrigkeiten zu kämpfen. Diese können Ihnen, in Geheimwaffen umgewandelt, zum Sieg verhelfen. Wenn Sie es verstehen, aus der Not eine Tugend zu machen, Ihre Schwächen in Stärken zu verwandeln, können sich Ihnen unendlich viele Möglichkeiten auftun.

Verschiedene Wege, Schwächen in Stärken zu verwandeln

1. Setzen Sie all Ihre persönlichen Fähigkeiten ein

Eine göttliche Kriegerin
erringt den Sieg,
indem sie ihre Taktiken
entsprechend den Taktiken der Gegnerin abwandelt.
Sun Tsu (6.32)

Jede Frau ist einzigartig. Deshalb gibt es auch unzählige Antworten auf die Frage, wie Sie am besten Ihre persönlichen Fähigkeiten einsetzen. Manche Frauen können in der Männerwelt konkurrieren und es vollkommen genießen, eine Frau zu sein. Wenn es Sie nicht stört, wie eine Frau behandelt zu werden, dann können Sie sich über die Ritterlichkeit der Männer freuen, statt sich beleidigt zu fühlen. Dann lassen Sie sich gerne von einem Mann die Tür öffnen und das Gepäck tragen und haben dennoch nicht das Gefühl, an Macht zu verlieren. Wenn Sie konkurrenzfähig und dennoch elegant, erfolgreich und dennoch freundlich sind, werden Sie Ihre männlichen Vorgesetzten und Mitarbeiter verwirren, beeindrucken und überraschen.

Diese Eigenschaft kann sehr anziehend wirken. Männer genießen es, derart mächtige und dennoch geheimnisvolle und undurchschaubare Frauen um sich zu haben. Wie eine Frau behandelt zu werden bedeutet keinesfalls, zu einem Sexualobjekt degradiert zu werden. Betrachten Sie sich als einen beruflich ebenbürtigen Menschen, der das Privileg genießt, Seidenstrümpfe, hochhackige Schuhe und rosa- oder lavendelfarbene Kostüme zu tragen. Dies ist der Grundgedanke, der im oben angeführten Ausspruch Sun Tsus steckt.

Wenn Sie eine athletische Frau sind, dann sollten Sie diese Eigenschaft auch nutzen, um sich in den Vordergrund zu schieben. Welcher Typ Frau Sie auch sein mögen, auf jeden Fall können Sie Ihre außergewöhnlichen Vorzüge zur Geltung bringen. Was für ein prickelndes Erlebnis es doch war, den zwei herausragenden Frauenteams beim Women's World Cup, der im Juli 1999 im Rose-Bowl-Stadium in Pasadena ausgetragen wurde, zuzuschauen. Weltweit saß eine Milliarde Zuschauer gebannt vor ihren Fernsehschirmen, um die Vereinigten Staaten gegen China spielen zu sehen.

Nach 90 Minuten betrug der Spielstand null zu null. Es gab nichts Schöneres, als diesen Frauen beim Wettkampf zuzusehen. Ich war ganz gerührt von der geistigen und körperlichen Hingabe der Spielerinnen. Die Amerikaner waren noch nie besonders begeisterte Fußballfans, daher galt das Interesse der amerikanischen Zuschauer sicherlich nicht dem eigentlichen Fußballspiel. Vielmehr war es das Spiel dieser vor Lebenskraft sprühenden Frauen, das die Welt in seinen Bann zog.

Diese Art von Frauenpower lässt schon erahnen, was uns dieses Jahrtausend bringt. Was zunächst wie ein Nachteil wirkte – eine langweilige Frauensportart – entwickelte sich zu einem Vorteil. Und die Welt blieb stehen und schaute zu. Wo auch immer Ihre persönlichen Qualitäten liegen – ob Sie herausfordernd oder zurückhaltend, elegant oder sportlich, auf Teamgeist bedacht oder auf Konkurrenz ausgerichtet sind – nutzen Sie alles, was Sie sind, um Ihre Ziele zu erreichen. Eine Frau muss nun einmal tun, was sie tun muss.

2. Entfalten Sie sich dort, wo Ihre Wurzeln liegen

Sie gewinnt ihre Schlachten, weil sie keine Fehler macht.
Sie kann Schlachten gewinnen, ohne Fehler zu machen,
weil sie eine Feindin besiegt, die bereits geschlagen ist.
Sun Tsu (4.10)

Nehmen Sie alle Erfahrungen, die Sie im Leben gemacht haben, bereitwillig an. Wer Sie sind, was Sie sind, Ihre Geburt, Ihre Erziehung, jeder Augenblick Ihres Lebens, ob von Freude oder Leid erfüllt – nichts ist jemals vergebens. Wo Ihre Wurzeln sind, sollten Sie auch gedeihen.

Oprah Winfrey ist ein hervorragendes Beispiel dafür. Ihr außergewöhnlicher Erfolg als Moderatorin einer Talkshow erwuchs unmittelbar aus dem Leben, das sie geführt hatte. Sie wurde in ärmlichen Verhältnissen geboren, wuchs unter scheinheiligen Menschen auf, wurde schwanger und verlor ihr neugeborenes

Baby im Alter von vierzehn Jahren. All das Leid, das sie schon früh im Leben erfahren musste, trug zu ihrer Sensibilität bei und bildete ihre Fähigkeit aus, in Kontakt mit anderen Menschen zu treten. Sie entfaltete sich dort, wo ihre Wurzeln lagen.

Wenn Sie eine körperliche Behinderung haben, dann liegt darin eine einzigartige Erkenntnisfähigkeit, zu der die meisten Menschen gar nicht in der Lage sind. Die große Erzieherin und geniale Schriftstellerin Helen Keller wurde ohne Augenlicht, Hör- und Sprechvermögen geboren. Da sie nicht durch die alltäglichen Sinneseindrücke abgelenkt wurde, konnte sie ein höheres geistiges Niveau erreichen als die meisten gesunden Menschen. Eine körperliche Behinderung kann niemals Grund genug sein, um ein vollkommen eingeschränktes Leben zu führen. Nur Schwäche und Unvermögen können uns von unseren höchsten Lebenszielen abhalten. Maureen Even, die Präsidentin des Verlagshauses *Time Warner Trade Publishing*, machte im hart umkämpften Bereich des Verlagsbuchhandels Karriere und schaffte es dort sogar bis an die Spitze. Dies gelang ihr trotz ihrer zwei ›Behinderungen‹, ihrer Zugehörigkeit zum weiblichen Geschlecht und dem Umstand, dass sie an Kinderlähmung erkrankt war.

Das Leben, das Sie führen, wurde Ihnen vom Schöpfer gegeben, um Sie auf die Erfüllung Ihres persönlichen und einzigartigen Schicksals vorzubereiten. Das Leben eröffnet Ihnen alle Möglichkeiten. Einige davon sind mehr als unangenehm, wie seltsam geformte Mosaiksteine in Ihrem Lebensmosaik. Solange Sie nicht an diesen Steinen arbeiten, wird Ihnen der Blick auf das Gesamtbild versperrt bleiben. Für den Aufbau Ihres einzigartigen, unvergleichlichen Lebensporträts ist jeder einzelne Mosaikstein wichtig.

3. Gewinnen Sie eine neue Perspektive

Bei der Schlacht setzt die Kriegerin
die üblichen Formationen ein,
um die Feindkräfte zu binden.
Um die Feindin jedoch zu besiegen,
wendet sie überraschende Taktiken an.

Sun Tsu (5.5)

Es kommt nicht darauf an, wer Sie sind, was Sie sind oder welches Produkt Sie verkaufen. Wichtig ist nur, dass Sie die Erste sind, die ungewöhnliche und einfallsreiche Strategien erforscht und anwendet. Ihre Strategie ist erfolgreich, weil sie unkonventionell und überraschend ist. Entdecken Sie bei Ihren Unternehmungen einen neuen Blickwinkel, eine ungewöhnliche Perspektive.

Wenn Sie auf der Suche nach einer neuen Sichtweise sind, sollten Sie alles, was sich bei Ihnen unter der Sparte ›Ihre Schwächen‹ angehäuft hat, genauer unter die Lupe nehmen. Dort können sich geheime Schätze verbergen.

Schwächen werden von den meisten Menschen übersehen. Sie haben aber ziemlich gute Chancen, unter diesen so genannten Schwächen ein einzigartiges Juwel zu finden.

Daw Aung San Suu Kyi wurde mit dem Friedensnobelpreis ausgezeichnet. Die Birmanin führt die gewaltlose Bewegung für die Menschenrechte und die Wiederherstellung der Demokratie an. Daw Aung San Suu Kyi ist eine attraktive Frau, die sich stets feminin kleidet und ihr Haar mit frischen Blumen schmückt, die auf ihrem Kopf wie eine Blütenkrone wirken. Indem Sie sich so gibt, widerspricht sie dem Bild, das die Allgemeinheit von einer revolutionären Anführerin hat. Eine birmanische Frau, die eine Revolution anführt, hat es noch nie gegeben. Aber Daw Aung San Suu Kyi entspricht nicht unseren Vorstellungen von einer Revolutionärin. Da sie eine Frau ist, und dazu noch eine schöne, hat sie die Aufmerksamkeit der Weltöffentlichkeit auf sich gezogen und deren Unterstützung für ihre Sache gewonnen. Diese zierliche Frau verursacht Birmas grausamem Diktator etliche Schwierigkeiten.

Golda Meir, die ehemalige Premierministerin Israels, hielt oftmals Besprechungen mit ihren Kabinettsmitgliedern und ausländischen Würdenträgern in ihrem Haus ab, wo sie ihren Gästen Tee zubereitete und Kuchen servierte. Indem Sie die Köchin und die Bedienung spielte, statt die Premierministerin herauszukehren, indem sie Dinge tat, die Männer für eine Frau in ihrer Position undenkbar finden mussten, entwaffnete sie das männliche Ego. Wie könnte ein Mensch einer freundlichen, großmütterlichen Frau widersprechen?

Statt darauf zu warten, dass andere Pionierarbeit leisten, sollten Sie selbst neue Wege gehen. Vermarkten Sie sich und bringen Sie den Mut auf, das Produkt, das sich von allem bisher da Gewesenem unterscheidet, anzupreisen. Gewiss wird es sich mit finanziellem Gewinn bezahlt machen. Aber Vorsicht: Eine gute Idee ist nur dann gut, wenn Sie den Gedanken, der hinter der Idee steckt, auch selbst vertreten und verkörpern können. Versuchen Sie jedoch nicht, um jeden Preis aufzufallen, denn dieser Schuss könnte nach hinten losgehen.

4. Erkennen Sie Ihre so genannten Schwächen als Ihre wirklichen Stärken

Aus Ordnung erwächst Chaos.
Aus Mut erwächst Feigheit.
Aus Stärke erwächst Schwäche.
Sun Tsu (5.14)

Sun Tsus Ausspruch »Aus Stärke erwächst Schwäche« zeigt deutlich, wie wir Schwächen und Stärken definieren. Was eine Schwäche ist, wird von der Mehrheit einer gegebenen Kultur bestimmt. Allerdings wird das, was in der einen Kultur als Schwäche bezeichnet wird, in der anderen als Stärke betrachtet.

Zunächst müssen Sie alles hinterfragen, was Sie bisher als Ihre Schwächen angesehen haben, um sich von der Sichtweise anderer Menschen zu befreien. Schließen Sie sich den Ansichten der oftmals aus Kleingeistern bestehenden Mehrheit nicht an. Jede Schwäche ist eine verborgene Stärke. Eine Frau asiatischer Abstammung zu sein, gilt in den USA üblicherweise als Schwäche. Tatsächlich jedoch liegt in dieser Schwäche die geheime Macht meiner persönlichen Stärke.

Zahlreiche Asiaten fragten mich: »Wir haben gehört, dass in den Vereinigten Staaten sowohl Asiaten als auch Frauen diskriminiert werden. Somit sind Sie in doppelter Hinsicht benachteiligt. Wie werden Sie damit fertig?«

Meine Antwort darauf lautet: »Eine asiatische Frau zu sein hat sich als meine Stärke erwiesen, nicht als meine Schwäche. Wenn ich ein blauäugiger, blonder Mann wäre, wie alle anderen dieselben staatlichen Schulen besucht und dasselbe gelernt hätte, könnte ich nicht mit anderen konkurrieren. Es ist schwer, mit Menschen in Wettbewerb zu treten, die Ihnen ähnlich sind. Anders zu sein scheint meine Schwäche zu sein, und dennoch liegt darin meine einzigartige Stärke.«

Natürlich müsste ich als blauäugiger, blonder Mann ebenso herausfinden, was mein Leben einzigartig macht. Jeder Mensch ist einzigartig. Anders zu sein ist nicht Ihre Schwäche, es macht Sie lediglich zu einem einzigartigen Wesen.

5. Lassen Sie nicht zu, dass sich Ihre Stärken ins Gegenteil verkehren

Das Universum enthält fünf Elemente –
Wasser, Feuer, Holz, Metall, Erde.
Wasser kann Feuer, Holz und Metall bezwingen,
und dennoch kann Erde Wasser bezwingen.
Derselbe Grundsatz gilt
für Feuer, Holz, Metall und Erde.
In der Stärke jedes Elements
liegt seine Schwäche.
Sun Tsu (6.32)

So wie sich Ihre Schwächen in Stärken umwandeln können, können Ihre Stärken auch Schwächen bergen. Das Kreissymbol für Yin und Yang ist in eine weiße und eine schwarze Hälfte unterteilt. In der schwarzen Hälfte befindet sich ein weißer Punkt und in der weißen Hälfte befindet sich ein schwarzer Punkt. In Ihrer Schwäche liegt Ihre Stärke, und in Ihrer Stärke verbirgt sich Ihre Schwäche.

Wenn Ihre Stärke im Einfühlungsvermögen und Mitgefühl liegt, dann neigen Sie möglicherweise auch zur Schwäche und Unfähigkeit, wenn es um die Disziplinierung Ihrer Mitarbeiter oder Familienmitglieder geht. Sind Sie dagegen sehr sicher und entscheidungsfreudig, tendieren Sie unter Umständen zur Unduldsamkeit und Unnachgiebigkeit.

Seien Sie stolz auf Ihre Stärke, vergessen Sie darüber aber nicht, dass Ihre Stärke auch gegen Sie arbeiten kann. Haben Sie ein wachsames Auge auf Ihre Stärke, und Sie können sie gegebenenfalls anpassen und mögliche Schäden eindämmen.

6. Machen Sie aus der Not eine Tugend, indem Sie die Umstände verändern

*Das Wasser sucht sich seinen Lauf
nach der Beschaffenheit des Erdbodens.
Die Kriegerin erringt den Sieg, indem sie ihre Strategien
entsprechend der Wesensart der Feindin,
der sie gegenübersteht, entwickelt.*
Sun Tsu (6.30)

Falls Sie schlichtweg am falschen Platz sind, sollten Sie sich einen anderen Platz suchen. Wenn Sie als kreative Künstlerin kaum außergewöhnliche Ideen haben, dafür aber sehr beständig und detailgenau arbeiten, sollten Sie sich beruflich verändern, statt sich selbst zu ändern. Sollten Sie sich aber tatsächlich ändern können, wäre es dennoch schwierig, mit Menschen zu konkurrieren, die einfallsreiche Naturtalente sind.

Arbeiten Sie als Buchsachverständige oder als Logistikexpertin, und aus Ihren ehemaligen Schwächen werden Stärken erwachsen. Ihre neue Arbeitgeberin wird sich überglücklich schätzen, Sie in ihrer Abteilung zu haben, und Sie selbst werden sich wohler fühlen.

Die Regeln der Strategie zielen darauf ab, alle Regeln zu brechen, innovativere und noch ungeahntere Wege zu finden, um Ihre Konkurrentinnen und Konkurrenten mit ihren kalkulierbaren Methoden aus dem Feld zu schlagen. Die Begriffe ›Stärke‹ und ›Schwäche‹ werden von einer Mehrheitskultur definiert, die sehr einseitig denkt. Nutzen Sie Ihre individuellen Eigenschaften und Lebenserfahrungen, um mit Ihren Stärken und Schwächen spielerisch umzugehen. Nur so können Sie Ihrem Leben eine neue Richtung geben und vermeiden, dass Sie mit Eigenschaften behaftet sind, die Sie nicht ändern können. Indem Sie lernen, sich der Kraft von Di zu bedienen, zeigen Sie, wie kreativ und flexibel Sie sind.

Meiner Überzeugung nach besteht für Frauen die Lösung darin,
keine Grenzen zu setzen.

Martina Navratilova, Wimbledonsiegerin

Aus einem Tief neue Kraft schöpfen

*Es gibt fünf gefährliche Fehler, die
zur Niederlage einer Generalin führen können:*

*Wenn Sie sich zum Treuetod verpflichtet haben,
werden Sie leicht getötet.
Wenn Sie sich an das Leben klammern,
werden Sie leicht gefangen genommen.
Wenn Sie ein ungestümes Temperament haben,
lassen Sie sich leicht zu bedauerlichen Schritten hinreißen.
Wenn Sie ein ausgeprägtes Ehrgefühl haben,
sind Sie leicht zu beschämen.
Wenn Sie um Ihre Kriegerinnen übermäßig besorgt sind,
fallen Sie dem Kummer anheim.*

Sun Tsu (8.11)

Sun Tsu sagt, dass derjenige, der sich eine bestimmte Eigenschaft wünscht, ein Opfer dieser Eigenschaft werden kann. Das 20. Jahrhundert wird sicherlich als Jahrhundert der Spaßgesellschaft in die Geschichte eingehen. Wir sind besessen von diesem Zustand der allgemeinen Heiterkeit. Wenn Sie nicht jederzeit gut gelaunt sind, wird insgeheim unterstellt, dass mit Ihnen irgendetwas nicht stimmt.

Aber kein Mensch kann ständig ›gut drauf‹ sein. Wenn Sie sich dazu zwingen, liefern Sie sich der Selbstanklage, der Selbstkritik und einer fortwährenden Niedergeschlagenheit aus, da es unmöglich ist, solchen Anforderungen zu genügen. Tatsächlich kenne ich viele Autoren und Referenten, deren Spezialgebiet die Motivation ist und die – sofern sie nicht gerade im Scheinwerferlicht stehen – dennoch kein glücklicheres Leben führen als alle anderen.

Wie Sun Tsu beobachtet hat, neigen gerade die Todesmutigen zu unbedachten Handlungen, was sie zur leichten Zielscheibe für die tödlichen Angriffe der feindlichen Armee macht. Wenn Sie um jeden Preis Ihre Ehre wahren wollen, führen Sie Ihre Armee womöglich ins Verderben. Sobald Sie eine extreme Haltung beziehen, auch wenn es um etwas Positives wie Ihr Bemühen um Optimismus geht, beschwören Sie unter Umständen Ihre eigene Unzufriedenheit herauf.

Keine Eigenschaft ist ausschließlich positiv oder negativ. Selbst gute Absichten können nachteilige Folgen mit sich bringen. Wie schon Tai Gong Wong, Sun Tsus geistlicher Lehrer, der etwa 1 000 Jahre vor Sun Tsu lebte, sagte:»Zerbrechlichkeit hat ihren Wert. Rohheit hat ihre Bewandtnis. Niedergeschlagenheit hat ihren Zweck. Tapferkeit hat ihren Sinn.«

Gemäß Tai Gong Wong beinhaltet jede unwesentliche Kleinigkeit in Ihrem Leben, ob sie nun positiv oder negativ erscheint, eine Sprengkraft, die Ihr Leben vollkommen verändern und Sie zu einem besseren Menschen machen kann. Es hat schon seinen

Sinn, wenn Sie sich die Augenblicke, in denen Sie nicht bestens gelaunt sind, zugestehen. Nichts im Leben ist jemals vergebens. Sie müssen lediglich wissen, wie Sie Ihre alltäglichen Ereignisse – selbst Ihre traurigen Momente – in einmalige Chancen verwandeln.

Verschiedene Wege, aus einem Tief neue Kraft zu schöpfen

Genießen Sie Ihre Ruhephasen

Die natürlichen Rhythmen der Frauen verlaufen regelmäßiger als die der Männer. Frauen ziehen sich häufiger in sich selbst zurück. Statt diese Tatsache zu bekämpfen, sollten Sie ihren positiven Aspekt erkunden. Selbst eine Hochspringerin muss sich bücken, bevor sie zum Sprung ansetzt. Die Natur folgt ihren von Wechseln bestimmten Kreisläufen – Frühjahr, Sommer, Herbst und Winter. Im Winter ruht die Erde, um im Frühjahr neues Wachstum hervorzubringen.

Der Bär hält seinen Winterschlaf, um bis zum Frühjahr neue Kraft zu tanken. Glücklicherweise nehmen Bären nicht an Kursen für Motivationstraining teil. Ansonsten wäre zu befürchten, dass der Bär dank seiner neu erworbenen Kenntnisse seinen gewohnten Winterschlaf durch Selbstkritik stören würde: »Los, steh schon auf, du fauler Nichtsnutz.« Ein Teil von ihm würde dem Ruf seines natürlichen Schlafrhythmus folgen wollen, während ein anderer Teil von ihm darüber nachdenken würde, dass er positiv, munter, motiviert, rege und aktiv sein sollte. Im Frühjahr wäre dieser arme Bär dann erschöpft, weil er keine richtige Ruhepause eingelegt hat. Das Ergebnis wäre ein müder und reizbarer Bär.

Menschliche Wesen sind Teil der allgemein gültigen Ordnung der Elemente. Sie unterliegen den Schwankungen der Natur.

Selbst Wasser braucht Zeit zum Sieden, bevor es kocht. Ohne Siedephase gibt es kein kochendes Wasser.

Ruhen – entsprechend dem Sieden des Wassers – ist keinesfalls mit Nichtstun gleichzusetzen. Durch Ruhe können Sie Kraft für neue Aktivitäten sammeln. Ruhe ist ein Teil Ihres gesamten Aktivitäts- und Kreativitätsspektrums. Jeder Mensch weiß aus Erfahrung, dass er nach einer Erholungsphase wesentlich leistungsfähiger ist. Auch ich habe die Erfahrung gemacht, dass ich vor einem größeren Projekt, beispielsweise dem Schreiben eines neuen Buches, eine Ruhepause einlegen muss. Wenn ich genügend Energie gespeichert habe, fühle ich mich gestärkt, und die angestauten Ideen sprudeln nur so aus mir heraus.

Jeder Mensch erholt sich auf unterschiedliche Weise. Vielleicht gehören Sie zu denen, die es sich gerne im Bett gemütlich machen und ein Buch lesen. Oder vielleicht sehen Sie gerne fern oder surfen im Internet. Womöglich sind Sie aber eine Frau, die in dieser Phase mit Begeisterung Gartenarbeit verrichtet. Andere wiederum bereiten ein Festessen zu, das für ein ganzes Regiment reichen würde. Gestatten Sie sich, nichts wirklich Produktives zu leisten. Ruhen ist ein notwendiger Teil des menschlichen Kreislaufs.

Genießen Sie, haben Sie Spaß. Ruhen Sie sich aus, ziehen Sie sich zurück. Von Zeit zu Zeit braucht jeder Mensch etwas Ruhe. Daraus schöpfen Sie die Kraft für Ihre kreativen und innovativen Einfälle. Vielleicht möchten Sie Ihr Ruhebedürfnis für sich behalten. Dann sollten Sie darauf achten, dass Ihre Kolleginnen und Ihre Vorgesetzte nichts davon merken.

Akzeptieren Sie Ihre traurigen Stimmungen

Bejahen Sie Ihre schwermütigen Stimmungen, denn sie sind ein Teil Ihrer Kreativität. Viele Menschen fühlen sich minderwertig und beschämt, wenn sie auf ein seelisches Tief zusteuern. Wie ich bereits mehrfach erwähnt habe, hat alles im Universum seinen Sinn. Falls Sie wirklich krank und klinisch depressiv sind, sollten Sie einen Arzt aufsuchen. Wenn Sie sich dagegen nur gelegentlich schlecht fühlen – akzeptieren Sie diese Stimmung.

Im Allgemeinen sind sich Frauen ihrer seelischen Tiefpunkte sehr bewusst. Auch Männern sind diese Gefühle nicht fremd, sie vermeiden es aber, ihnen nachzuspüren. Wenn Männer sich deprimiert fühlen, finden sie Mittel und Wege, sich künstlich aufzuheitern, um sich davon abzulenken. Sie laufen zur ›Tränke‹, kippen ein paar Drinks – oder was auch immer. Winston Churchill bezeichnete seine niedergedrückte Stimmung als seinen ›schwarzen Hund‹. Dennoch hatte seine Brillanz unmittelbar mit seinem ›schwarzen Hund‹ zu tun. Ohne seine trübsinnigen Momente wäre er sicherlich kein so guter Stratege und Staatsmann gewesen.

Eine Frau, die in einer Männerwelt funktionieren muss, fühlt sich aufgrund ihrer seelischen und körperlichen Kreisläufe oftmals unzulänglich. Manche Männer würdigen Frauen herab, wenn sie ihre körperlichen Zyklen durchlaufen. Posaunen Sie nicht unbedingt in alle Welt hinaus, dass Sie Ihre Periode haben. Sprechen Sie nicht über Ihre körperlichen Beschwerden. Und seien Sie gut zu sich selbst. Behalten Sie es für sich, wenn Sie dann und wann melancholisch gestimmt sind. Auf diese Art will Ihnen Mutter Natur nur zeigen, dass Sie etwas kürzer treten sollen. In der Abgeschiedenheit finden Sie gewiss zu Ihrem überragenden Einfallsreichtum zurück.

Unzufriedenheit ist die Wurzel aller Kreativität

Kreativität und Innovation sind tief im menschlichen Gefühl der Unzufriedenheit verwurzelt. Aufgrund dieser Unzufriedenheit sucht der menschliche Geist nach Wegen, seine Lage zu verbessern und seine Selbstverwirklichung zu fördern. Dieses Gefühl der Unzufriedenheit ist die Triebkraft, die hinter jeder Form von Kreativität und Neuerung steckt. Bette Midler sagte, ihr Ehemann halte sie für die gequälteste Seele, die er jemals getroffen habe.

Jerry Seinfeld äußerte einmal, er müsse in New York leben, weil die ständige Unruhe und Hektik dieser Stadt der Katalysator sei, der großartige Komik erzeuge. Natürlich will kein Mensch unter ständigen Seelenqualen leiden, und dennoch entwickelt sich der menschliche Geist gerade aufgrund dieser steten Reibung weiter. Ohne ein gewisses Maß an Verzweiflung können Schriftstellerinnen, Künstlerinnen, Malerinnen, Architektinnen, Designerinnen, Dichterinnen, Komponistinnen und Komikerinnen ihre außergewöhnliche Kunst gar nicht erschaffen. Die Schwermut ist ein notwendiger Bestandteil der menschlichen Entwicklung.

Akzeptieren Sie den regelmäßigen Wechsel der Höhen und Tiefen

Jede Geschäftsfrau kennt zyklische Absatzschwankungen. Selbst die beste Verkaufskraft muss Flauten überstehen. Das Problem besteht nun darin, dass ihre Kolleginnen und Kollegen sie insgeheim abschätzen, wenn sie diese vorübergehenden Zyklen durchläuft. Hat sie es noch ›drauf‹? Wird Sie es erneut schaffen? Ihr Einkommensverlust in diesem Monat ist sicherlich unbedeutender als das schmerzliche Wissen, von den anderen beurteilt zu werden.

Ich möchte jedem Menschen diese Flautezeiten zugestehen, denn sie gehören zum Kreislauf der Natur. Eines der größten US-Unternehmen belohnte die 1 000 besten Verkaufskräfte im Rahmen einer internationalen Veranstaltung. Als ich bei dieser Gelegenheit den Tagungsteilnehmern auch Phasen des schleppenden Verkaufs zugestand, war im ganzen Raum deutlich erleichtertes Aufatmen zu vernehmen. All diese im Verkauf tätigen Spitzenleute kannten die verborgene Last, die sie in schwierigen Monaten der Leistungsschwankung zu tragen haben.

Je bereitwilliger Sie einen leistungsschwachen Monat hinnehmen, desto schneller erholen Sie sich. Wenn Sie sich nur selbst die Schuld geben und gegen die Situation ankämpfen, werden Sie noch erfolgloser arbeiten. Das, wogegen Sie ankämpfen, wird bestehen bleiben. Wenn Sie einen umsatzschwachen Monat haben, könnten Sie die Gelegenheit für eine Urlaubsreise nutzen. Machen Sie eine echte Erholungsreise, und denken Sie keine Sekunde lang an Ihre Arbeit. Ein Tapetenwechsel trägt dazu bei, Ihre Stimmung zu heben. Sie werden gelöster und können Ihre Arbeit wieder mit neuem Schwung angehen. Wenn Sie nicht verreisen können, wäre das eine hervorragende Gelegenheit, Schlaf nachzuholen, längst anstehende Gartenarbeit zu verrichten oder liegen gebliebene Arbeiten rund um das Haus zu erledigen – einfach alles zu tun, was zu Ihrem Leben gehört. Die Art, wie Sie Ihre Ruhepausen nutzen, hat einen unmittelbaren Einfluss darauf, wie leistungsfähig Sie in den hektischen Phasen Ihres Lebens sind.

Das Beste aus
Ihren Stärken und Schwächen zu machen
ist eine Frage der richtigen Nutzung
der Erde (geografischen Elemente).
Sun Tsu (11.37)

Wenn Ihr Lebensziel darin besteht, eine lebensfrohe Siegerin zu sein, bewegen Sie sich mit jedem Schritt, den Sie unternehmen, auf dieses Ziel zu. Dazu gehören auch Ihre Rückschläge, Ihre seelischen Tiefpunkte, Ihre Höhen und Tiefen sowie alle bedeutenden und unbedeutenden Ereignisse in Ihrem Leben. Alle Umstände wirken zusammen und schaffen schließlich das kostbare, einzigartige und farbenfrohe Lebensmosaik einer Siegerin.

Das Wesen von Di lässt sich wie folgt zusammenfassen: Im Leben kommt es nicht darauf an, welche Karten Sie bekommen haben, sondern darauf, wie Sie die Karten ausspielen.

> Niemand kann Ihnen ohne Ihr Einverständnis
> das Gefühl geben, minderwertig zu sein.
> Das sollten Sie nie vergessen.
>
> *Eleanor Roosevelt,*
> Ehefrau des amerikanischen Präsidenten
> Franklin D. Roosevelt, 1884-1962

Die Wut über sexuelle Belästigung konstruktiv umsetzen

Wenn Ihre Streitkräfte unterlegen sind,
gehen Sie in die Defensive;
wenn Ihre Streitkräfte überlegen sind,
gehen Sie in die Offensive.
Sun Tsu (4.6)

Sexuelle Belästigung ist in unserer Gesellschaft allgegenwärtig. Gleichgültig, wie viele Gesetze zum Schutz der Frauen am Arbeitsplatz erlassen werden, solange Männer alle sieben Sekunden an Sex denken, bleibt dieses Problem bestehen. Es wird immer einige erbärmliche Exemplare der männlichen Spezies geben, die ihr Machtgefühl aus ordinären sexuellen Gesten oder Bemerkungen ziehen.

»Von all den berufstätigen Frauen, die ich kenne, fällt mir keine einzige ein, die noch nicht auf irgendeine Weise sexuell belästigt wurde«, sagte Erika, die als Vizepräsidentin eines der größten US-Unternehmen die Geschäftsbereiche Europa, Naher Osten und Afrika leitet. Und sie fuhr fort: »Als ich zur Universität ging und für ein großes Kaufhaus arbeitete, fragte mich mein Chef, der mich seit einiger Zeit kannte: ›Wann haben Sie Ihre Klitoris entdeckt?‹ An diesem Abend ging ich nach Hause und weinte. Ich brauchte das Geld dringend für meine Ausbildung. Da war ich nun: Ich musste mit einem Mann zusammenarbeiten, der solche Dinge zu mir sagte; aber ich hielt durch. Ich muss auch an die Zeit denken, als ich nach meinem Universitätsabschluss erstmals bei einem großen Unternehmen tätig war.

Bei einer Unternehmensversammlung sagte der Generaldirektor vor 250 Ingenieuren: ›Nun möchte ich Ihnen Erika vorstellen. Ich bin sehr glücklich, Sie bei uns zu haben.‹ Er ging meine Referenzen und Zeugnisse durch. Ich freute mich noch darüber, dass sich dieser Mann die Zeit nahm, mir zu einem guten Start in diesem Unternehmen zu verhelfen. Ich saß hinten. Dann meinte er: ›Erika, würden Sie bitte aufstehen, damit wir Sie alle willkommen heißen können?‹ Wiederum freute ich mich darüber, dass ich in diesem Unternehmen so wohlwollend aufgenommen wurde. Ich war ein wenig schüchtern. Ich stand rasch auf und setzte mich sogleich wieder. Danach drängte er: ›Erika, bitte stehen Sie nochmals auf. Die Männer in der vorderen Reihe haben nicht mitbekommen, warum ich so froh darüber bin, dass Sie bei uns anfangen. Sie ist schon ein attraktives Mädchen.‹

Was er vor diesen 250 Männern sagte, lässt sich wie folgt zusammenfassen: ›(1) Sie ist eine gut aussehende Frau. (2) Ich freue mich darüber, dass sie bei uns ist, weil sie gut aussieht. (3) Hiermit erteile ich Ihnen allen die Erlaubnis, sie nur als attraktive Frau wahrzunehmen.‹ Damals gab es noch keine Unterstützung bei sexueller Belästigung. Ich speicherte diesen Vorfall einfach als Warnung im Hinterkopf ab: ›Vor diesem Mann musst du dich in Acht nehmen.‹ Damals waren Frauen noch nicht in der Lage, ein derartiges Verhalten zu bestrafen. Allerdings hätte ich diese Angelegenheit nicht mit Hilfe der Gerichte verfolgt, da ich dazu neige, diese Dinge auf andere Weise zu klären.

Heute löse ich derartige Probleme, indem ich mit der betreffenden Person spreche. Bestimmt kann ich Ihnen mindestens fünfzehn Geschichten über mich erzählen, darüber, was ich im Verlauf meiner beruflichen Laufbahn ertragen musste. Interessant daran ist, dass derartige Dinge aufhörten, als ich auf der Karriereleiter nach oben gestiegen war und die Vorstandsebene erreicht hatte. Männern ist klar, dass es klüger ist, sich nicht mit einer Frau anzulegen, die es bis zu einer gewissen Position geschafft hat. Schließlich könnte sie ihnen Schwierigkeiten bereiten. Männer sind sich dieses Problems jetzt bewusst.«

Ich fragte Erika: »Sie sagten, dass Sie nicht dazu neigen, gerichtliche Schritte zu unternehmen, dass Sie stattdessen mit dem betreffenden Mann sprechen würden. Was sagen Sie zu ihm?«

Erika erwiderte: »Ich versuche, ihm zu erklären, dass sein Verhalten für mich – und auch für andere Frauen, falls er sich ihnen gegenüber genauso verhält – problematisch ist. Ich sage ihm, dass er Glück hat, dass ich keine prozesswütige Person bin, dass es aber Frauen gibt, die in seinem Verhalten eine willkommene Gelegenheit zu einem Rechtsstreit sehen. Damit nehme ich ihm gegenüber folgende Standpunkte ein: (1) Behandeln Sie mich nicht so. (2) Sie laufen Gefahr, von anderen Frauen gerichtlich verfolgt zu werden. (3) Als Führungskraft haben Sie die Aufgabe, mit gutem Beispiel voranzugehen.

Ich habe über den Beginn meiner Karriere nachgedacht. Derartige Diskussionen hätte es gar nicht erst gegeben, da ich auf der Karriereleiter weiter unten stand. Ich war jung und noch neu in der Firma. Daher hatte ich noch nicht dasselbe Maß an Glaubwürdigkeit gewonnen wie die Person, die sich dermaßen inkorrekt verhielt.

Ich kann mich an eine andere für mich schwierige Situation erinnern, die sich lange hinzog. Zwei Jahre lang ertrug ich diesen Zustand. Nachdem ich meine Glaubwürdigkeit aufgebaut und Unterstützung gewonnen hatte, wurde ich mit dieser Situation fertig. Frauen, die nicht in dieser Lage sind, harren wahrscheinlich aus, was ihnen während dieser Zeit allerdings einige Kräfte abziehen dürfte.

Ich bin überzeugt, dass sexuelle Belästigung den Frauen Schaden zufügt. Außer mir haben in diesem Unternehmen noch fünf weitere Frauen dieselbe Ebene und Position wie ich erreicht. Die Leute sehen mich an und meinen: ›Sie ist mächtig und hat in diesem von Männern beherrschten Ingenieurbüro Erfolg.‹

Ich muss hinzufügen, dass ein Teil von mir wütend ist. Wut darüber, dass ich viele Jahre durchhalten musste, obwohl ich wusste, dass ich als Frau – wollte ich die Chance haben, mich am Arbeitsplatz zu bewähren – keinen Rechtsstreit beginnen konnte. Letzten Endes habe ich es dank meiner Ausdauer geschafft, das zu erreichen, was ich schon immer erreichen wollte.«

Erikas Erfahrung ist unter berufstätigen Frauen wahrlich kein Einzelfall. Offensichtlich konnte sie die schmerzlichen Erlebnisse gut verarbeiten und so die Belastung aushalten. Erika ließ sich durch diese Erfahrung nicht zerstören. Sie machte das Beste aus dieser Erfahrung und stieg die Karriereleiter nach oben, so dass es ihr heute möglich ist, etwas gegen diese Art von Belästigung zu unternehmen.

Wie Sie mit sexueller Belästigung umgehen

Nutzen Sie Ihren Ärger als Katalysator für Ihre Karriere

Erika stimmte mit mir darin überein, dass ihre Wut zum Katalysator für ihr berufliches Vorwärtskommen und ihren Erfolg wurde. Da sie genötigt war, durchzuhalten, konnte sie andere, die dieselben schmerzlichen Erfahrungen durchmachen mussten, besser unterstützen.

Abschließend meinte Erika noch: »Etwas hat mir in meiner Wut geholfen. Ich glaube nicht, dass Männer morgens aufstehen und denken: ›Heute werde ich mich bewusst bemühen, diese Frau sexuell zu belästigen. Ich werde dafür sorgen, dass sich diese Frau den Kollegen am Arbeitsplatz unterlegen fühlt. Ich werde diese Frau übergehen.‹ Ich denke, dass Männer das Produkt unserer Kultur sind. Solange sie nicht auf diese Problematik hingewiesen werden, werden sie nicht damit aufhören. Ich glaube, dass 90 Prozent aller Männer in Ordnung sind.«

Sexuelle Belästigung mindert nur den Wert der Person, die belästigt, und keinesfalls Ihren Wert. Sie werden dadurch nur stärker. Männer, die Frauen belästigen, um sich in ihrer Männlichkeit bestätigt zu fühlen, kann ich nur bedauern. Denn mit jeder ordinären sexuellen Geste oder Bemerkung verlieren sie an Würde und innerer Tugend, die Stück für Stück dahinschwindet. Dadurch fördern solche Männer lediglich ihren Männlichkeitswahn und ihre Dummheit. Bedenken Sie stets: Sexuelle Belästigung mindert nur den Wert der Person, die Sie belästigt, und keinesfalls Ihren Wert.

Führen Sie genau Buch

Nach einem dreitägigen Seminar in Australien kam eine Dame zu mir. Sie weinte herzzerreißend und dankte für mein Buch, das ihr geholfen hatte, eine nervliche Zerreißprobe zu überstehen. Ich drückte sie ganz fest, hatte jedoch nicht die leiseste Ahnung, was geschehen war. Nachdem das Umarmen und Küssen mit den anderen 500 Seminarteilnehmerinnen ein Ende gefunden hatte, vertraute sie mir ihre Geschichte an. Diese Frau focht mit einem der größten Unternehmen in Australien einen Prozess wegen sexueller Belästigung durch. Ihr Problem war so schwerwiegend, dass sie unter schrecklichen Kopfschmerzen litt.

Nach einem anstrengenden Jahr des Kämpfens gewann sie ihren Fall. Der Grund, weshalb sie überhaupt eine Chance hatte, den Prozess zu gewinnen, war, dass sie sehr genau Buch geführt hatte. Darin waren präzise Einzelheiten der Belästigung einschließlich genauer Zeitangaben enthalten. Außerdem konnte sie anhand ihrer Krankenblätter nachweisen, dass sie nach jeder Belästigung unter schrecklichen körperlichen Beschwerden gelitten hatte. Ohne ihre Unterlagen hätte diese Frau niemals eine Chance gehabt.

Auch wenn Sie niemanden verklagen wollen, sollten Sie stets genau Buch führen. Sie können nie wissen, ob Sie Ihre Unterlagen nicht doch brauchen werden.

Stärken Sie Ihr Selbstbewusstsein

Sexuelle Belästigung ist ein Einbruch in Ihre körperliche und geistige Privatsphäre. Sie können sich an die Polizei wenden, um Ihren Fall zur Anzeige zu bringen. In der Tat haben Sie viele Rechte, und das Gesetz schützt auch Sie. Dennoch verlieren Sie manchmal, auch wenn Sie die gerichtliche Auseinandersetzung gewinnen. Sowohl männliche als auch weibliche Arbeitgeber werden sich vor Ihnen hüten und mit Ihnen nichts zu tun haben wollen. Privat mögen Ihre Kolleginnen und Kollegen Ihren Mut bewundern, im Büro jedoch werden Ihnen die Menschen distanziert begegnen, da Sie als aggressiv gelten werden. Es ist natürlich nicht ganz auszuschließen, dass Sie den Fall verlieren, auch wenn Sie all Ihre Kräfte aufbieten.

Vor kurzem las ich in einer taiwanischen Zeitung eine Geschichte über eine Anwältin, die in der Geschäftsstelle des Obersten Gerichts arbeitete. Sie konnte die verbalen sexuellen Angriffe ihres männlichen Kollegen am Arbeitsplatz nicht mehr ertragen und reichte daher Beschwerden und Klagen ein. Der Mann erhielt zwar eine Geldbuße in Höhe von 40 US-Dollar, die Anwältin verlor jedoch ihre Arbeitsstelle. Solche Geschichten versetzen mich in Rage.

Sexuelle Belästigung stellt einen Angriff dar, kann jedoch Ihr Selbstbewusstsein weder schmälern noch zerstören. Wenn Ihr Selbstvertrauen dermaßen schwach entwickelt wäre, dann hätten Sie wirklich ein ernsthaftes Problem. Seien Sie vorsichtig. In den prozesswütigen USA suchen 50 Prozent aller Anwälte verzweifelt nach neuen Fällen. Wenn Sie belästigt worden sind, werden Ihnen diese Anwälte nur allzu gerne einreden, dass Sie einen seelischen Schaden davongetragen haben. Falls Sie sich nicht geschädigt fühlen, wird Sie der Anwalt sicherlich davon überzeugen, dass Sie sich für den Rest Ihres Lebens entwürdigt fühlen sollten. Möglicherweise stellt sich am Ende heraus, dass Ihr freundlicher Anwalt und Beschützer Ihnen größeren Schaden zugefügt hat als der ursprüngliche Übeltäter.

Vermeiden Sie eine direkte Konfrontation, wenn es in Ihrem Interesse liegt. Aber wahren Sie unter allen Umständen Ihre Selbstachtung.

*Die in der Verteidigung erfahrene Kriegerin versteckt sich
unter der neunten Erdebene.
Die im Angriff erfahrene Kriegerin bewegt sich
über der neunten Himmelsebene.
Eine solche Kriegerin kann sich vor Schaden hüten
und einen schnellen Sieg erringen.*
Sun Tsu (4.7)

Wie ein großer chinesischer Philosoph einst sagte: »Wenn das Universum einen Menschen auszeichnen möchte, muss er zunächst eine schwere körperliche, geistige und seelische Prüfung bestehen. Erst danach wird er bereit sein, die große Aufgabe zu übernehmen.« Statt am Boden zerstört zu sein, suchen Sie nach dem Glück im Unglück. Wenn es keine vollkommene, ideale Lösung für Ihr Problem gibt, ist Ihre beste Waffe – abgesehen von der Unterstützung Ihrer Familie und Ihrer Freunde – Ihre innere Stärke.

Das ist die Übung, die DI Ihnen aufgibt. Sexuelle Belästigung kann Ihr Selbstbewusstsein nicht untergraben. Sie sind mächtiger als Ihre unglückliche Situation und Ihr ›unterbelichteter‹ Belästiger.

> Ich bin da, wo gegen
> Unrecht gekämpft wird.
> *Mother Jones,*
> *amerikanische Politikerin,*
> *1837-1930*

Nutzen Sie Ihre sinnliche Ausstrahlung zu Ihrem Vorteil

Die Fähigkeit, Schwierigkeiten, Gefahr und Entfernung einzuschätzen,
gehört zu den Grundanforderungen,
die eine gute Generalin erfüllen muss.
Eine hervorragende Generalin sollte
die natürliche Geländeform zu nutzen wissen,
da diese die beste Verbündete einer Kriegerin ist;
für den Sieg ist jedoch nichts entscheidender
als die Fähigkeit, Ihre Gegnerin zu durchschauen.
Sun Tsu (10.16)

Frauen sprechen stets bereitwilligst darüber, wie sehr sie doch aufgrund ihres Geschlechts im Geschäftsleben benachteiligt wurden. Sie kämpfen sogar gegen sexuelle Belästigung. Dreht sich die Diskussion jedoch darum, wie sie ihre Sinnlichkeit als Wettbewerbsvorteil nutzen, verstummen alle in stiller Übereinkunft. Jede Frau nutzt auf eigene, sehr private Weise ihre Sinnlichkeit als Mittel zum Vorwärtskommen im Geschäftsleben. Männer müssen nicht ausdrücklich darauf hingewiesen werden, wie Frauen ihre weibliche Ausstrahlung zu ihrem Vorteil nutzen. Wichtig ist nur, dass Frauen sich selbst eingestehen, dass es durchaus auch seine Vorteile haben kann, Frau zu sein.

Als Töchter der Venus haben Frauen die Schönheit, Sexualität und Sinnlichkeit dieser Göttin geerbt. Wenn Sexualität den Frauen schon vollkommen unerwünschte Belästigungen eingebracht hat, dann sollten sie ihre sinnliche Ausstrahlung wenigstens zu ihrem eigenen Vorteil nutzen. Sexualität ist nicht mit Sex gleichzusetzen. Sie ist eine Haltung, der Ausdruck der inneren Schönheit einer Frau.

So nutzen Sie Ihre sinnliche Ausstrahlung als Wettbewerbsvorteil

Setzen Sie Ihren weiblichen Charme ein, um Männer für Ihre Ziele zu gewinnen

Als Frau können sie sich nicht von Ihrem natürlichen weiblichen Charme lösen. Was weiblichen Charme eigentlich ausmacht, kann ich nicht genau erklären, da der Charme jeder Frau einzigartig ist. Dieser besondere Charme ist nur den Frauen eigen und lässt sich keinesfalls mit dem Charme eines Mannes vergleichen.

Scheuen Sie sich nicht herauszufinden, wie Sinnlichkeit das Arbeitsleben beeinflusst. Ob es Ihnen nun gefällt oder nicht, Ihre Sinnlichkeit spielt auf jeden Fall (zumindest unterbewusst) eine

Rolle – entweder zu Ihren Gunsten oder zu Ihren Ungunsten. Sie selbst entscheiden, ob Sie diese Energie beherrschen oder von ihr beherrscht werden.

Wir wissen alle, wie wir als kleine Mädchen unseren Charme einsetzten, um unseren Vater und unsere Brüder so weit zu bringen, dass wir uns gewisse Vorteile verschaffen konnten. Eine Tochter weiß ganz genau, wie sie das Herz ihres Vaters durch einen bestimmten Blick zum Schmelzen bringen kann. Wenn wir das Teenageralter erreicht haben, ist uns längst instinktiv klar geworden, dass ein Junge nicht unbedingt von seinem Kopf, sondern von einer tiefer liegenden Körperregion gesteuert wird. Diese Macht nutzen wir, um Jungen dazu zu bringen, uns größere oder kleinere Gefälligkeiten – vom Besorgen eines Getränks bis zur Erledigung der Schularbeiten – zu erweisen.

Zu Hause können Sie mit Ihrem weiblichen Charme Ihren Mann zu Arbeiten bewegen, die er nicht gerne macht, beispielsweise dazu, das Geschirr zu spülen oder den Müll hinauszubringen. Der Arbeitsplatz ist lediglich die Erweiterung des häuslichen Lebens. Setzen Sie Ihre sinnliche Ausstrahlung (ich spreche hier nicht von Sex, sondern von sinnlicher Ausdruckskraft, Charme, weiblicher Anziehungskraft) ein, um Ihre männlichen Kollegen, Vorgesetzten und Kunden für Ihre Ziele einzuspannen.

Gewinnen Sie neue Kunden mit Ihrer weiblichen Anziehungskraft

Vor kurzem sah ich einen Fernsehbericht auf dem Sender *MSNBC*. Es ging um eine attraktive junge Anwältin, die sich auf das Bankgeschäft spezialisiert hatte. Sie hatte große Schwierigkeiten, überhaupt einen Fuß in die Tür zu bekommen, um ihre Dienstleistungen potenziellen Kunden anbieten zu können. Sie hatte in einem bedeutenden Wirtschaftsmagazin für das Bankgewerbe eine Anzeige geschaltet, um Aufträge hereinzuholen.

Die Anwältin sagte, dass 90 Prozent ihrer potenziellen Kunden Männer seien. Eine normale Geschäftsanzeige kam für sie nicht in Frage. Stattdessen habe sie in ihre Annonce ein Bild von sich gesetzt, das sie in einer Kostümjacke, einem Minirock und extrem hochhackigen Schuhen zeige. Auf diesem Bild wirke sie groß und eindrucksvoll. Ihre Beine seien nicht geschlossen, da sie mit einem Fuß auf einem Stuhl stehe. Die junge Anwältin berichtete, dass sie aufgrund dieser Anzeige zahlreiche einflussreiche Bankiers als Kunden gewonnen habe. Dank dieser Annonce hätten sich ihr viele Türen geöffnet. Dadurch sei ihr erst die Gelegenheit geboten worden, ihren Kunden zu beweisen, wie gut sie in ihrem Beruf sei. Diese Geschichte ist unglaublich, aber wahr. Übrigens beschwerten sich ihre männlichen Konkurrenten über diesen »unrechtmäßig erlangten Vorteil«, da sie von Mitteln Gebrauch gemacht hatte, die sie selbst nicht besaßen.

Greifen Sie zu den Waffen einer Frau, um Barrieren und Widerstand zu überwinden

Amy, eine energische Verkaufsleiterin, ist für ein Industrieunternehmen tätig. Bei unserem gemeinsamen Mittagessen meinte sie: »Es ist gut, dass Männer von ihrem sexuellen Interesse geleitet werden. Wir alle sind sexuelle Wesen. Wenn du diese Energie zu nutzen verstehst, ist sie nicht schlecht. Aufgrund der sexuellen Energie wollen potenzielle männliche Kunden Zeit mit dir verbringen und hören dir zu.«

Amy fuhr fort: »Vor einigen Jahren unterstützte Elizabeth Taylor ihren damaligen Ehemann John Warner bei seinem Wahlkampf für den Kongress. Liz sagte: ›Die Leute kommen, um mich zu sehen, doch sie bekommen Johns Anliegen zu hören. Das bewegt sie dazu, für ihn zu stimmen.‹ So, wie Liz ihren Ruhm und ihre weiblichen Reize einsetzte, um ihrem Mann zu helfen, nutze ich meine Weiblichkeit, um die Barriere des Widerstands einzureißen.« Es haben wesentlich mehr Frauen ihre Weiblichkeit eingesetzt, um Barrieren niederzureißen, als wir es uns eingestehen wollen.

Nehmen Sie den Zickzackkurs nach oben

Von Greta können wir alle etwas lernen. In den 90er-Jahren war sie die einzige Frau, die jemals in einem der größten und äußerst konservativen US-Unternehmen zur Generaldirektorin befördert wurde. Diese Firma im mittleren Westen war derart konservativ, dass sie sowohl ihre weiblichen als auch ihre männlichen Angestellten dazu aufforderte, einen von der Firma vorgegebenen einheitlichen Kleiderkodex zu befolgen. Für die Frauen hieß das: keine eng anliegenden Kleider, keine auffallenden Farben. Wenn man die Fabrikanlagen dieser Firma besuchte, glaubte man, eine puritanische Kirche zu betreten.

Nicht so Greta. Diese 1 Meter 82 große Schönheit kam stets auf acht Zentimeter hohen Absätzen und mit gut sitzenden Kostümen zur Arbeit. Sie trug ihre Kleidung mit einer unglaublichen Selbstverständlichkeit. Obwohl sie großartig aussah, gewann man durch ihre Garderobe keineswegs den Eindruck, dass sie sich zur Schau stellen wollte. Bei Sitzungen hörte sie anderen zu, während sie mit der rechten Hand leicht den Teil ihres Nackens berührte, der vom Kragen ihrer Jacke nicht verdeckt wurde. Wenn sie sich zu einer Rede erhob, atmete sie tief durch und vergrößerte dadurch unbewusst ihre ansehnliche Brust.

Alle Männer in diesem Unternehmen begeisterten sich für sie. Alle Frauen beneideten sie um ihre Schönheit und ihren Mut, diese auch zu zeigen. Gretas Karriere verlief im Zickzackkurs nach oben. Greta war sich ihrer Macht über Männer sehr wohl bewusst und setzte sie sinnvoll ein. Aber alle Männer – von den Vorstandsmitgliedern bis zu den Lagerarbeitern – waren sich darüber im Klaren, dass niemand außer ihrem Ehemann Chancen bei ihr hat.

Nehmen Sie Ihren weiblichen Charme in Ihren Lebenslauf auf

Rose ist eine attraktive junge Frau, die früher für ein geringes Gehalt als Verkäuferin in einem Kaufhaus arbeitete. Vor einem Jahr trat sie eine neue Arbeitsstelle an. Sie wirbt bei Ärzten für das berühmte Wundermittel Viagra, um diese daran zu erinnern, ihren Patienten die entsprechenden Rezepte auszustellen. Für eine derartige Tätigkeit wird eine Apothekerlizenz erwartet. Rose hatte allerdings keinerlei pharmazeutischen Hintergrund. Der Arzneimittelhersteller stufte Roses weibliche Qualitäten höher ein als ihr fehlendes medizinisches Wissen. Da sehr viele Ärzte Männer sind, genügten meist Roses Aussehen und ihr gewinnendes Wesen, um einen Gesprächstermin zu erhalten. Die größte Herausforderung für ein pharmazeutisches Unternehmen besteht darin, die Ärzte dazu zu bewegen, mit ihren Vertretern zu sprechen, da Ärzte einen vollen und anstrengenden Terminkalender haben. Das Pharmaunternehmen stellte Rose ein und schickte sie auf einen dreimonatigen Intensivtrainingskurs. Nun wird Rose von den Ärzten gerne empfangen, und ihre Verkaufszahlen sind beispielhaft.

Nicht jede Frau hat einen atemberaubenden Körper und ein Engelsgesicht. Dennoch ist jede Frau einzigartig und anziehend. Betonen Sie Ihre Vorteile. Dies wird Ihnen helfen, sowohl im Leben als auch am Arbeitsplatz voranzukommen.

Profitieren Sie von seiner Vorfreude

Wenn Sie im Geschäftsleben Ihre weiblichen Reize zur Schau stellen, ohne Ihre weibliche Würde zu wahren, fallen Sie die Karriereleiter sehr schnell hinunter – alles andere als ein geschickter Schachzug.

Regen Sie seinen Appetit an, aber stillen Sie nicht seinen Hunger. Die Vorfreude auf ein Festessen in einem eleganten Restaurant ist stets angenehmer, als nach dem Essen das Völlegefühl zu ertragen und die Rechnung präsentiert zu bekommen. Solange er in seiner Erwartung schwelgen und sich auf das Festessen freuen kann, kommt er zu Ihnen zurück, bereit, Ihren Anordnungen Folge zu leisten. Sie müssen allerdings darauf achten, keine verbindlichen, falschen Signale auszusenden, die Ihnen sehr schaden könnten. Gehen Sie keinesfalls so weit, dass er enttäuscht ist, wenn Sie aus dem Spiel aussteigen.

Bewahren Sie Ihre weibliche Anziehungskraft bis ins hohe Alter

Junge und schöne Menschen haben Sinnlichkeit nicht für sich allein gepachtet. Jede von uns kennt sicherlich eine Frau, die – selbst im Alter von 60 Jahren – mit ihrem Lächeln oder einem bestimmten Blick alle Herzen zum Schmelzen bringen kann. Und es gibt niemanden, der ihr nicht gerne einen Gefallen erweist.

Die Kriegerin, die diese Strategien kennt,
wird den Sieg davontragen.
Sun Tsu (10.17)

Ich bin sicher, dass mir einige Feministinnen vorwerfen werden, dass ich die Frauenbewegung um fünfzig Jahre zurückgeworfen habe. Aber ich versuche nur, realistisch zu sein. Das Leben verläuft nun einmal nicht immer in angenehmen und politisch korrekten Bahnen.

Solange sich Männer derart für weibliche Reize begeistern können, müssen Frauen Wege finden, ihre sinnliche Ausstrahlung zu ihrem eigenen Vorteil zu nutzen. Das ist die neue Art, von DI zu profitieren. Ihre weibliche Anziehungskraft einfließen zu lassen bedeutet keineswegs, aktiv werden zu müssen. Sie sollten sich lediglich der Macht Ihres weiblichen Charmes bewusst sein.

> Ohne Gefühl gibt es keine Schönheit.
> Man muss keine geborene Schönheit sein,
> um unglaublich attraktiv auszusehen.
>
> *Diana Vreeland*,
> ehemalige Chefredakteurin
> der US-Vogue, 1902-1989

Vergessen Sie über dem Inhalt die Verpackung nicht

*Der Kampf um das Überleben
wird eine neue Kraft hervorbringen.*
Sun Tsu (11.61)

Bei ihrem Versuch, die gesellschaftlichen und wirtschaftlichen Schlachten zu gewinnen, haben Frauen die neue Kraft entdeckt, die in der Verbindung von Inhalt und Stil – einer unschlagbaren Kombination – steckt. Am Arbeitsplatz zählt der Inhalt, aber der Erfolg im Beruf hängt nicht nur vom Inhalt, sondern auch von der Verpackung ab. Vielleicht gefällt es Ihnen, sich wie eine Lumpensammlerin zu kleiden und zerschlissene, wahllos zusammengewürfelte Kleidungsstücke zu tragen, um Ihrer feministischen Haltung Ausdruck zu verleihen. Aber noch leben wir in einer von Männern beherrschten Welt, vergessen Sie das nicht.

Es dürfte schwierig für Sie werden, Ihre beruflichen Ziele zu verwirklichen, wenn Ihr Vorgesetzter oder Ihre Kunden nicht über Ihr äußeres Erscheinungsbild hinwegsehen können. Ohne eine gute Verpackung wird kein Mensch jemals den Wert des Produkts kennen lernen. Das Leben ist ein Schauspiel, und der Geist dieses Schauspiels ist in der Schönheit der Äußerlichkeiten zu finden.

Ein Nachrichtenreporter bezeichnete einmal den Präsidentschaftswahlkampf zwischen Walter Mondale und Ronald Reagan als einen Kampf zwischen Substanz und Stil. Mondale verkörperte die Substanz, Reagan den Stil. Und der Stil machte das Rennen. Reagan sah eher wie ein Präsident aus, also bekam er den Posten.

Meinen nichtwissenschaftlichen Beobachtungen zufolge haben die meisten berufstätigen Frauen mehr Inhalt als Stil vorzuweisen. Davon nehme ich mich nicht aus. Das Gute daran ist, dass man sich Stil leichter aneignen kann als Inhalt. Aus diesem Grund sind auch die Fernsehshows, in denen Kandidatinnen modisch aufgepeppt werden, so beliebt. Jede Frau kann sich mit Hilfe der richtigen Beratung im Handumdrehen verwandeln. Am Inhalt – wie auch am Inhalt eines Buches – muss dagegen länger gearbeitet und gefeilt werden. Es ist wesentlich leichter, den Umschlag eines Buches zu entwerfen als den Inhalt zu verfassen. Da sich die folgenden Kapitel vorwiegend damit befassen, wie Sie Ihr inneres Wesen entfalten, handelt dieses vor allem davon, wie wichtig es ist, ein ansprechendes Äußeres zu pflegen.

Es gibt keine hässlichen Frauen, nur faule. Der erste Schritt zur Verbesserung Ihres Stils ist das Bewusstsein, dass ein guter Gesundheitszustand eine unerlässliche Voraussetzung für persönlichen Stil ist. Ich kann gar nicht eindringlich genug darauf hinweisen, wie wichtig eine gesunde Ernährung, Sport und Pflege sind. Zu diesem Thema gibt es zahlreiche Bücher und Artikel; damit sind Sie bestens informiert, und Sie wissen genau, was zu tun ist.

Die Frage ist vielmehr, ob Ihnen Ihr Wohlbefinden wichtig erscheint. Wenn Sie noch jung sind, fühlen Sie sich noch zu gut, um bewusst etwas für sich zu tun. Wenn Sie älter werden, fühlen Sie sich allmählich nicht mehr so gut, und Sie beginnen, das Versäumte nachzuholen. Wenn Sie sich bereits in jungen Jahren pflegen, werden Sie mit fünfzig Jahren keinen Tag älter als 38 aussehen. ›Älter werden mit Stil und Eleganz‹ nennt man das.

Aber was genau ist Stil? Der berühmte italienische Modeschöpfer Valentino äußerte einmal: »Wenn Sie eine gute Einstellung haben, haben Sie auch Stil.« Andere wiederum glauben, dass Stil eine Form von Disziplin ist. Ihr Stil lässt bereits erahnen, wer Sie sind.

Stil umfasst aber weitaus mehr als nur Ihre Art, sich zu kleiden. Stil beinhaltet auch Ihre Einstellung, Ihre Mimik und Ihre Körpersprache. Im Grunde ist Stil der Eindruck, den Sie über sich selbst als Person vermitteln. Sie müssen keine geborene Schönheit sein und in Größe 36 passen, um Stil zu haben. Ihr Stil lässt erkennen, wer Sie sind und was Sie wollen. Für mich entspricht Stil der Verpackung eines Produkts. Demnach ist Ihr Inhalt Ihr Produkt und Ihr Stil die Verpackung dieses Produkts. Für die Darstellung des Produkts sind Inhalt und Verpackung gleichermaßen von Bedeutung.

Ich kann Ihnen wirklich nicht sagen, welcher Stil der richtige für Sie ist. Betsey Johnsons Stil ist einzigartig, so einzigartig, dass aus ihr eine erfolgreiche Modeschöpferin wurde. Einige werden denken, sie sei aus einer Klapsmühle entsprungen, andere wiederum lieben ihren Sinn für Stil und Witz. Wenn Sie jedoch in einer konservativen, von Männern beherrschten Umgebung arbeiten (was noch der Fall ist, sich jedoch künftig ändern kann), müssen Sie Ihr dringendes Bedürfnis, sich wie Betsey Johnson zu kleiden, unterdrücken, es sei denn, Ihnen gehört die Firma.

Den Stil zu finden, der zu Ihrer Stellung im Leben passt, erfordert einige Experimente, und diese können sehr teuer werden. Auch Mode- und Imageberater sind nicht unfehlbar. Und Sie müssen die Kleider und deren Beratungsgebühren bezahlen. Keine Hilfe in Anspruch zu nehmen kostet Sie möglicherweise viel Zeit, und am Ende quillt Ihr Kleiderschrank vielleicht von Fehlkäufen über.

Versuchen Sie, ein Gefühl für Stil zu entwickeln, indem Sie sich umsehen, lesen, Schaufensterbummel machen, experimentieren und weniger kaufen. Geschmack zu haben bedeutet jedoch nicht, ein ›fashion victim‹ zu werden, das ziellos jedem Trend nachläuft. Hoffentlich kommt auch der Spaß nicht zu kurz, wenn Sie nach den für Sie geeigneten Dingen Ausschau halten.

Was auch immer Sie tun müssen, um Ihren persönlichen Stil zu finden, tun Sie es, denn Stil wird zweifellos stets eine wichtige Rolle in Ihrem Leben spielen.

So profitieren Sie von Ihrem Stil

Ihr Stil ist Ihr Kapital

Ein chinesisches Sprichwort sagt: »Menschen brauchen Kleider ebenso dringend, um ansprechend zu wirken, wie die Buddhastatue Goldverzierungen benötigt, um in Glanz zu erstrahlen.« Diese Aussage trifft auf Frauen in höherem Maße zu als auf Männer. Der Film *My Fair Lady* veranschaulicht sehr deutlich, wie eine Bürgerliche mit Hilfe der richtigen Kleider und Manieren in eine Prinzessin verwandelt werden kann. Kleider machen Leute – das beweist auch das Märchen vom Aschenputtel.

Es ist kein Zufall, dass in beiden bekannten Erzählungen die Hauptfigur, die eine Wandlung erfährt, eine Frau und kein Mann ist. So wichtig für einen Mann Stil auch sein mag, auf Männer wird er sich niemals so drastisch auswirken wie auf Frauen. Alle Menschen sind gleich – nur nicht, was den Stil anbelangt. Denn Stil ist die stärkste und wirksamste Waffe zur Verwandlung einer Frau. Ich weiß, dass es sehr viel Zeit und Energie kostet, Ihren persönlichen Stil zu verbessern und zu verfeinern. Aber denken Sie doch nur an den möglichen Erfolg.

Mit einem neuen Stil eine neue Karriere beginnen

Jane Pauley wurde die Kündigung ausgesprochen, weil sie ihren Arbeitgebern zu alt erschien. Sie hatte die Morgensendung auf NBC moderiert. Der Fernsehsender NBC hatte beschlossen, dass eine jüngere Frau ihre Stelle einnehmen sollte. Jahre später, nachdem Jane Pauley ihre Frisur, ihren Kleidungsstil, überhaupt ihr gesamtes Aussehen geändert hatte, moderierte sie ihre eigene Sendung *Dateline*. Sie feierte ihr Comeback und war stärker und erfolgreicher als jemals zuvor.

Diana Vreeland, die im 20. Jahrhundert die amerikanische Mode bestimmte, wurde von der Zeitschrift *Harper's Bazaar* eine Stelle als Moderedakteurin angeboten. Was hatte den Anstoß dazu gegeben? Carmel Snow, die Chefredakteurin bei *Harper's Bazaar*, hatte Dianas umwerfenden Stil bewundert, als diese mit ihrem Ehemann auf dem Dach des *St. Regis Hotel* in New York City tanzte. Zu jener Zeit war Diana Hausfrau und auf der Suche nach einer Verdienstmöglichkeit, die das Familieneinkommen aufbessern sollte. Schließlich wurde sie zur Hauptversorgerin der Familie und Chefredakteurin der Zeitschrift *Vogue*.

Lassen Sie Ihren Stil für sich sprechen

Arielle Ford ist Agentin, die einige hochkarätige Schriftstellerinnen bekannt gemacht hat. Bei einem Vortrag äußerte sie einmal, dass eine Schriftstellerin, die im Fernsehen auftrete, nicht durch das, was sie sage, Bücher verkaufe. Vielmehr hänge ihr Erfolg nur davon ab, ob sie bei den Zuschauerinnen gut ankomme.

Es ist allgemein bekannt, dass bei einem Vorstellungsgespräch die Entscheidung bereits in den ersten 30 Sekunden fällt. Ihr Stil spricht für Sie und sagt etwas über Sie aus, noch bevor Sie den Mund aufmachen.

**Mit einem verbesserten Stil
ein höheres Gehalt beziehen**

Denken Sie doch einmal an Madeleine Albright. Als es mit ihrer Karriere aufwärts ging, muss sie wohl mit einer Stilberaterin gearbeitet haben. Nachdem sie unter Präsident Clinton Außenministerin geworden war, verwendete sie mehr (wesentlich mehr) Make-up. Ich kann mich noch an die Zeit davor erinnern, als sie bei den Vereinten Nationen als US-amerikanische Botschafterin tätig war. Gelegentlich wurde sie unerwartet bei einer UN-Versammlung gefilmt. Dabei wirkte sie oftmals so, als wäre sie gerade erst aus dem Bett gefallen.

Selbst Senatorin Hillary Clinton musste während ihres Senatorenwahlkampfes an ihrem Stil arbeiten. Es war offensichtlich, dass sie sich viel Mühe gegeben hatte, ihre Verpackung tunlichst zu verbessern. Als First Lady war sie alles andere als gestylt. Vielmehr sah sie aus, als hätte sie sich am Morgen – mehr oder weniger wahllos – irgendetwas übergeworfen. Ihr Mangel an Stil, den sie zu Beginn der Präsidentschaft ihres Mannes zeigte, kostete sie sogleich einige Sympathiepunkte. Es steht fest, dass Hillary Clinton weiterhin an ihrem Stil arbeiten wird, bis sie die erste Präsidentin der Vereinigten Staaten von Amerika sein wird.

Nancy Reagan dagegen hatte nur Stil zu bieten, und das amerikanische Volk liebte sie. Gerüchten zufolge soll sie die ›böse Hexe‹ des Weißen Hauses gewesen sein. Man sagte ihr nach, dass sie Kleider von berühmten Modeschöpfern leihen würde, ohne sie jemals zurückzugeben. Keines dieser üblen Gerüchte hat Nancy Reagan jemals geschadet, da sie einen erfreulichen Anblick bot – sie hatte eben Stil. Jacqueline Kennedy Onassis, bei der sowohl das Produkt als auch die Verpackung stimmten, wurde zu einer legendären Gestalt erhoben. Selbst ihre äußerst umstrittene Heirat mit Aristoteles Onassis konnte ihr nichts anhaben.

Während andere Leute Kleider in die Altkleidersammlung geben, verwendete Diana, die Prinzessin von Wales, ihre alte Garderobe, um 3,6 Millionen Dollar für wohltätige Zwecke zu sammeln. Das war nur möglich, weil sie ihr Leben damit verbracht hatte, einen so hinreißenden Stil zu entwickeln. Was auch immer sie hatte, wir wollten einen Teil davon haben. Diana war eine echte Prinzessin, aber das traf auch auf Fergie zu. Am Adelstitel allein kann es also nicht gelegen haben. Unsere Zuneigung galt der Person, die diesen eleganten Stil geschaffen hatte.

Diana brachte Ordnung in ihren Kleiderschrank, und Fergie tat es ihr nach, aber niemand interessierte sich für Fergies Kleider. Der Unterschied im Beliebtheitsgrad zwischen den zwei Prinzessinnen war so groß wie der Unterschied zwischen Himmel und Erde. Das lag sicherlich nicht daran, dass Diana die Frau des künftigen Königs war. Vielmehr hatte es damit zu tun, dass eine der beiden Prinzessinnen sowohl Stil als auch Substanz im Übermaß zu bieten hatte, während von der anderen nicht gerade behauptet werden konnte, einen ausgeprägten guten Geschmack zu haben (obwohl Fergie inzwischen beträchtlich aufgeholt hat).

Wenn es zu Ihrem Vorteil ist, sich zu bewegen,
dann bewegen Sie sich auf jeden Fall.
Wenn es nicht zu Ihrem Vorteil ist, sich zu bewegen,
dann bewegen Sie sich auf keinen Fall.
Sun Tsu (12.19)

Stil ist etwas Geheimnisvolles und schwer zu erklären. Aber er wird zum Lebensunterhalt jener Frauen beitragen, die klug genug sind, ihn zu haben und zu entwickeln. Lady Diana entsprach dem Bild einer Prinzessin. Ihre Schönheit und ihr Stil bezaubern uns immer noch, und sie wird uns unauslöschlich in Erinnerung bleiben. Der Schauspieler Ronald Reagan passte in das Bild, das man sich von einem Präsidenten macht, folglich wurde ihm das Amt übertragen.

Es ist wichtig, dass Sie einen Stil entwickeln, der Ihr berufliches Können zur Geltung bringt und Ihren persönlichen Charme unterstreicht – wie eine Schauspielerin, die durch ihre Garderobe ihre Rolle noch akzentuieren kann. Kleiden sie sich nicht für Ihre augenblickliche Position, sondern für die Rolle, die Sie künftig spielen wollen. Wenn Sie wie die Idealbesetzung einer Rolle aussehen, bekommen Sie die Rolle meist auch. Genießen Sie diesen Verwandlungsprozess, indem Sie mit den Modetrends und Stilrichtungen experimentieren. Die Kleidungsstücke, die Sie bereits in Ihrem Schrank haben, können Sie mit den neuen Stücken kombinieren. Dabei sind Ihrer persönlichen Auslegung von Stil keine Grenzen gesetzt.

> Die vollkommene Verbindung
> zwischen den Geschlechtern
> wird in der höchsten Entwicklung
> der menschlichen Rasse gipfeln.
>
> *Susan B. Anthony,*
> amerikanische Frauenrechtlerin,
> 1820-1906

Weibliche und männliche Energien nutzen

Wer männliche Stärke und weibliche Milde
richtig einzusetzen weiß,
versteht Dı zu nutzen.
Sun Tsu (11.37)

Vor kurzem nahm ich an einer großen Geschäftskonferenz teil. Ich war die einzige Frau, die neben sechs berühmten männlichen Persönlichkeiten sprechen sollte: dem ehemaligen Präsidenten Gerald Ford, dem englischen Premierminister John Major, Jack Kemp und Bill Bradley, zwei Abgeordneten des amerikanischen Kongresses, dem für den Bereich Politik zuständigen Fernsehberichterstatter George Will und dem Fußballstar Terry Bradshaw.

Während meiner fünfundvierzigminütigen Redezeit erwähnte ich, dass das vollkommene menschliche Wesen zu fünfzig Prozent aus männlichen und zu fünfzig Prozent aus weiblichen Qualitäten bestehe. Um in der Welt Erfolg zu haben, brauche eine Frau auch einige männliche Eigenschaften. Sofern sie kein reines Sexsymbol – wie Marilyn Monroe – werden wolle, dürfe sie nicht ausschließlich aus weiblichen Fähigkeiten bestehen. Umgekehrt sei auch ein Mann, der weibliche Qualitäten in sich berge, ein fähigerer Vorgesetzter, ein klügerer Geschäftsmann und ein besserer Vater und Ehemann. Es dauerte höchstens 30 Sekunden, bis ich diesen Gedanken ausgeführt hatte. Dennoch hatten sich die Teilnehmer bis zum Ende der Konferenz auf diese Aussage gestürzt, und sie ergingen sich in einer hitzigen Debatte über dieses Thema. Frauen reagierten erheitert. Einigen Männern gefiel der Gedanke, andere wiederum fühlten sich allein durch die Vorstellung, dass die besten Männer zu fünfzig Prozent aus weiblichen Eigenschaften bestehen könnten, gekränkt. Die Männer, denen diese Vorstellung keineswegs behagte, bedurften sicherlich einer guten Portion weiblicher Qualitäten!

Bei jeder guten Vorgesetzten, Arbeiterin, Ehefrau und Mutter halten sich die weiblichen und männlichen Energien im Gleichgewicht, und ebenso bei besonders schönen Frauen. Vor 200 Jahren übergab die französische Regierung den Vereinigten Staaten die Freiheitsstatue. Sie war als vollendetes Symbol für die außerordentliche Lebenskraft, Stärke und Schönheit der neuen Nation gedacht. Niemand kann ihre weibliche Schönheit in Abrede stellen. Und obwohl die Freiheitsstatue für uns der Inbegriff weiblicher Schönheit ist, stellt ihr Gesicht dennoch ungeniert ihre innere männliche Stärke und Entschlossenheit zur Schau.

Die Welt sieht in Michelangelos *David* die höchste Vollkommenheit des Mannes eindrucksvoll verkörpert. In jede Faser des Körpers meißelte der Künstler männliche Stärke, während er in die Seele der Statue weibliche Empfindsamkeit einfließen ließ.

Eine bestimmte Sekte chinesischer Buddhisten predigt, dass nur eine niedere Seele als Frau auf die Welt kommen kann. Als mir meine chinesische Freundin mit ernstem Gesichtsausdruck erzählte, dass alle niederen Seelen als Frauen geboren würden, hätte ich beinahe vor lauter Widerwillen gegen diese dummen Menschen, die eine dermaßen lächerliche Lehre vertreten, mein Mittagessen wieder ausgespuckt.

Guan Yin, die Mutter der Barmherzigkeit und der Gnade, ist die größte Gottheit im chinesischen Buddhismus – und eine Frau. In vielen vornehmen Hotelhallen und Museen der Welt sind wundervolle Statuen und Bilder von ihr zu sehen. Die chinesischen Buddhisten sind auf den lächerlichen Gedanken verfallen, dass Guan Yin keine Frau ist, um eine Begründung dafür zu haben, warum die Mutter der Barmherzigkeit und der Gnade keine niedere Seele ist.

Diese Buddhisten kamen überein, dass Guan Yin zur Hälfte ein Mann und zur Hälfte eine Frau ist. Dies erfuhr ich, als ich einen altehrwürdigen chinesischen Tempel besichtigte. Ich fragte mich, welche ihrer beiden Hälften wohl die männliche sei, die obere oder die untere. Oder sollte man die Göttin nicht besser der Länge nach halbieren?

Menschen sind erfinderisch, wenn sie etwas rechtfertigen wollen, woran sie gerne glauben möchten. Hinter der Vorstellung, dass Guan Yin zur Hälfte Frau und zur Hälfte Mann ist, verbirgt sich aber eine Wahrheit. Die weiblichen und männlichen Eigenschaften der Göttin halten sich genau die Waage.

Die Liste

Einmal hielt ich ein Seminar nur für Frauen ab. Aus einer Laune heraus bat ich die Teilnehmerinnen, mir spontan verschiedene Eigenschaften zu nennen, die ihrer Ansicht nach jedem der beiden Geschlechter vorwiegend zuzuordnen seien. Mit Hilfe der Kursteilnehmerinnen erstellte ich eine Liste der positiven und negativen Eigenschaften von Frauen und Männern. Bedenken Sie bitte, dass diese Liste auf keiner wissenschaftlichen Grundlage beruht und aus einem rein persönlichen, weiblichen Blickwinkel heraus entstanden ist. Aus dieser Liste können Sie ersehen, mit wie viel Humor Frauen sowohl Männer als auch sich selbst betrachten.

Obwohl die Liste lediglich zeigt, wie wir uns zum Zeitpunkt ihrer Erstellung gefühlt haben, steckt dennoch eine grundlegende Ehrlichkeit darin, die durchaus Ihre Beachtung verdient.

Negative männliche Eigenschaften:
- Arrogant
- Dummschwätzer
- Teilen sich nicht mit
- Prahlen mit ihren sexuellen Abenteuern
- Dampfwalzenmentalität
- Kindisch
- Feige
- Fordernd
- Selbstgefällig
- Emotional blockiert
- Schmeichler
- Dickköpfig
- Fordern stets Aufmerksamkeit
- Unreif
- Unsensibel
- Verantwortungslos

- Faul
- Lustmolche
- Lügner
- Übertriebenes Männlichkeitsgehabe
- Männliche Chauvinisten
- Werden nie erwachsen
- Nicht unterstützend
- Herablassend
- Geben leere Versprechen
- Launisch
- Hormongesteuert
- Untreu
- Undankbar
- Unrealistisch
- Unzuverlässig
- Eitel

Positive männliche Eigenschaften:
- Wagemutig
- Teilen ihre Ansichten am Arbeitsplatz unumwunden mit
- Analytisch
- Großherzig
- Kühn
- Sorgen sich nicht um Stil und Image
- Bestimmend
- Konzentrieren sich auf die Arbeit, nicht auf das Aussehen
- Vergeben und vergessen
- Erfüllen familiäre Pflichten
- Großzügig
- Haben die Dinge im Griff
- Logisch
- Liebevoll (zur Ehefrau und zur Geliebten)
- Kommunizieren mit anderen Leuten innerhalb des eigenen Netzwerks

- Sachlich
- Nicht hinterlistig
- Kein Modeopfer
- Nicht engstirnig
- Aufgeschlossen
- Körperlich stark
- Beschützer
- Sagen ihre Meinung freiheraus
- Wissenschaftlich
- Geben ihr Wissen weiter

Negative weibliche Eigenschaften:
- Sexobjekte der Männer
- Herrschsüchtig
- Gehen kein Risiko ein
- Gefühlsbetont
- Neidisch
- Angst vor Gesichtsverlust
- Wankelmütig
- Klatschbasen
- Unentschlossen
- Untergeordnetheit
- Minderwertigkeitskomplex
- Unsicher
- Argwöhnisch
- Mangel an Vertrauen
- Unflexibel
- Launisch
- Nörglerinnen
- Borniert
- Verlieren sich in Details
- Nicht freimütig
- Perfektionistinnen
- Engstirnig

- Engstirnigkeit
- Prämenstruelles Syndrom
- Besitzergreifend
- Machtgierig
- Rachsüchtig
- Egozentrisch
- Egoistisch
- Empfindlich
- Unterwürfig
- Ängstlich
- Heuchlerisch
- Undankbar
- Eitel
- Körperlich schwächer

Positive weibliche Eigenschaften:
- Entgegenkommend
- Anpassungsfähig
- Analytisch
- Zugänglich
- Schön
- Fürsorglich
- Bezaubernd
- Engagiert
- Mitgefühl
- Kühl
- Kreativ
- Treu sorgend
- Detailgenau
- Realistisch
- Einfühlungsvermögen
- Ausdauer
- Flexibel
- Konzentriert

- Verzeihend
- Anmutig
- Arbeitsam
- Ehrlich
- Unabhängig
- Intuition
- Loyal
- Pedantisch
- Gepflegt
- Organisationstalente
- Leidenschaftlich
- Geduldig
- Praktisch
- Widerstandsfähig
- Einfallsreich
- Verantwortungsbewusst
- Diszipliniert
- Feinfühlig
- Aufrichtig
- Klug
- Überlebenskünstlerinnen
- Überlegtes Sprechen
- Vom Verstand gesteuert
- Verständnisvoll
- Weitblickend
- Sinnlich
- Lernbegierig
- Weisheit

Weibliche Schwächen, die sich am Arbeitsplatz zeigen:
- Gefallsüchtig
- Können schlecht mit Firmenpolitik umgehen
- Selbstgefälligkeit
- Gehen kein Risiko ein

- Geben Wissen nicht weiter
- Bieten Männern kein Paroli
- Gefühlsbetont
- Denken zuerst an die Familie
- Angst vor Gesichtsverlust
- Unfaire Bevorzugung
- Unentschlossen
- Untergeordnetheit
- Unsicher
- Aufhetzen
- Argwohn
- Mangel an Vertrauen
- Mangel an Flexibilität
- Geringe Selbstachtung
- Borniert
- Haben keinen Killerinstinkt
- Harmoniesüchtig
- Verlieren sich in Details
- Nicht wagemutig
- Nicht ehrgeizig
- Perfektionistinnen
- Engstirnig
- Besitzergreifend
- Machtgierig
- Egozentrisch
- Egoistisch
- Schüchternheit
- Nehmen alles persönlich
- Zu einfühlend
- Zu unterwürfig
- Zu gutmütig
- Heuchlerisch
- Undankbar

Ein Gleichgewicht zwischen weiblichen und männlichen Qualitäten herstellen

Ich habe mir die positiven und negativen Eigenschaften, die beiden Geschlechtern zugeschrieben wurden, angesehen und festgestellt, dass darin einige Widersprüche und falsche Vermutungen stecken. Bei der Liste geht es nicht um Männer und Frauen, sondern um den Ausdruck weiblicher und männlicher Qualitäten. Manche Frauen bestehen zu einem großen Teil aus männlichen Eigenschaften, während manche Männer vorwiegend von weiblichen Qualitäten geprägt sind.

Gefühle wie Liebe, Unsicherheit, Selbstbeschränkung, Selbstzweifel, Kummer, Angst, Argwohn, Neid und Scham werden im Allgemeinen als weibliche Empfindungen eingestuft, obwohl sie tatsächlich sowohl bei Männern als auch bei Frauen zu finden sind. ›Übermäßige‹ Gefühlsbetontheit ist nicht das Vorrecht der Frauen.

Bei einem meiner Seminare fragte mich Georgette, wie sie mehr Zeit für sich finden könne; sie fühle sich ständig überarbeitet. Ich stellte ihr unzählige Fragen und bohrte so lange, bis ich herausfand, dass sie gar kein Zeitproblem hatte. Was Georgette als Zeitmangel empfand, war in Wirklichkeit Angst, andere zu verletzen. Das ging sogar so weit, dass alle ihre Arbeit auf ihr abluden.

Während der Nachmittagssitzung stellte Georgette eine weitere Frage, die eine ihr untergeordnete Mitarbeiterin aus Holland betraf. Georgette hatte Schwierigkeiten, diese Frau in ihre Schranken zu verweisen. Diese Angestellte benahm sich, als würde sie – und nicht Georgette – die Abteilung leiten. Nachdem ich mit Georgette noch einige Zeit gearbeitet hatte, wurde ihr klar, dass sowohl ihr Zeitmangel als auch ihr Problem mit dieser Mitarbeiterin in ihrer eigenen schwachen Persönlichkeit wurzelten.

Diese Geschichte mag Ihnen vertraut vorkommen, weil Georgette eine Frau ist. Tatsächlich aber ist Georgette ein frei erfundener Name, und die Hauptperson in dieser Geschichte ist in Wirklichkeit ein Mann. Wie Sie sehen, ist Schwäche keine rein weibliche Besonderheit; sie ist Männern in gleichem Maße eigen.

Gehen Sie nochmals die positiven und negativen Eigenschaften von Männern und Frauen durch und finden Sie heraus, welche davon auf Sie zutreffen. Wenn Sie feststellen, dass bei Ihnen die männlichen Qualitäten zu kurz kommen, dann sollten Sie ihren männlichen Wesensanteil erweitern, indem Sie maskuline Männer beobachten. Wählen Sie deren erstrebenswerte Qualitäten aus und integrieren Sie diese möglichst in Ihre eigene Persönlichkeit.

Das Wasser sucht sich seinen Lauf
nach der Beschaffenheit des Erdbodens.
Die Kriegerin erringt den Sieg, indem sie ihre Strategien
entsprechend der Wesensart der Feindin,
der sie gegenübersteht, entwickelt.
So, wie Wasser keine feste Form hat,
gibt es im Krieg keine festen Regeln.
Sun Tsu (6.30)

Ein Mann mag eine niedliche, feminine – möglicherweise sogar unbedarfte – Frau zwar heiraten, aber er wird sie niemals in den Vorstand seines Unternehmens holen. Wenn Sie in Ihrem Beruf vorankommen wollen, tun Sie gut daran, Ihren männlichen und weiblichen Wesensanteil in gleichem Maße zu entwickeln. Solange Sie dies noch nicht geschafft haben, können Sie mit Hilfe Ihrer Garderobe bis zu einem gewissen Grad zumindest nach außen hin eine ausgewogene Erscheinung erzielen. Wenn Sie zu männlich sind, sollten Sie Ihre männliche »Berufsuniform« mit zarten Farben oder Blusen aus weichem, fließendem Stoff kombinieren. Sind Sie hingegen zu weiblich, so sollten Sie zur Abwechslung konservative Hosenanzüge in dunklen Farben tragen.

Als ausgeglichene, vollendete Frau geben Sie natürlich stets – unabhängig von Ihrer Kleidung – das Bild der perfekten Frau ab.

Am Arbeitsplatz genügt es nicht, qualifiziert zu sein, denn fähige Frauen findet man wie Sand am Meer. Aber eine Frau, die es ernst meint und ihre Führungsqualität durch eine gut ausgewogene Mischung aus ihrer männlichen und weiblichen Energie zeigt, ist ein Diamant unter Glassteinen.

> Ich lebe im Körper einer Frau
> mit dem Herzen einer Löwin.
>
> *Königin Elisabeth I.*

Wie Sie eine mächtige Frau werden

Sie müssen
schnell wie der Wind sein,
reglos wie der Wald,
zerstörerisch wie das Feuer,
das durch die Prärie fegt,
undurchdringlich wie dichte Wolken
und wirkungsvoll wie ein Blitzstrahl.

Sun Tsu (7.16)

Einmal sprach ich auf einer Tagung zu resoluten Geschäftsleuten, Männern, die von jeher zu den Reichen und Mächtigen gehört haben. Bei dieser Gelegenheit nahm ich zufällig an einem Kurs für ihre Vorzeige-Ehefrauen teil. Ich kann nur sagen, dass ich niemals zuvor einer traurigeren, verzweifelteren Gruppe von Frauen begegnet bin. Eine nach der anderen erzählte ihre Geschichte: Der Ehemann sei das einzige Familienmitglied, das wirklich zähle; sein Geschäft, seine Bedürfnisse stünden stets an erster Stelle. Keine dieser Frauen hatte ein Gefühl für ihren eigenen Wert. Die Tränen in diesem Raum flossen nicht vereinzelt, sondern in Strömen.

Ein Ehegatte hat die Aufgabe, seine Familie zu ernähren und zu beschützen, in Wahrheit jedoch ernähren und missbrauchen einige Männer ihre Familie. Der ganze Lebensinhalt einer Vorzeige-Ehefrau besteht darin, ihrem Ehemann jeden Wunsch von den Augen abzulesen und zu erfüllen. Die Frauen in dieser Gruppe weinten zwar wegen ihrer Ehepartner, im Grunde jedoch waren sie selbst die Ursache ihres Kummers, da es ihnen an innerer Macht fehlte.

Frauen sind es nicht gewöhnt, Macht zu beanspruchen. Aufgrund ihrer Erziehung verlassen sie sich darauf, dass andere ihnen Macht verleihen oder zugestehen. Es ist nun an der Zeit, dies zu ändern. Niemand wird Ihnen je Macht erteilen. Auf das, was Ihnen zusteht, müssen Sie schon selbst Anspruch erheben. Nur wenn Sie Zugang zu Ihrer eigenen unerschöpflichen Macht haben, können Sie auch anderen, beispielsweise Ihren Angestellten, Kindern und Freunden, Macht übertragen.

Die eigene Ohnmacht ist die Wurzel all Ihrer Probleme. Dies trifft auf Männer und Frauen gleichermaßen zu. Möglicherweise gefällt Ihnen dieser Gedanke nicht, aber freundlicher lässt sich diese Lebenswahrheit nun einmal nicht umschreiben. Wenn sich Ihre beste Freundin Geld von Ihnen borgt, sich jedoch mit der Rückzahlung Zeit lässt, dann liegt dies nicht an Ihrer Freundin, sondern daran, dass Sie sich nicht durchzusetzen wissen. Ihre Freundin wird die Rechnungen begleichen, die sie unbedingt bezahlen muss. Schließlich weiß sie genau, wer ihr ein derartiges Fehlverhalten durchgehen lässt und wer nicht. Wenn Sie mit Ihrem Liebhaber oder Ehemann ständig streiten, weil Sie sich von ihm nicht respektiert fühlen, so liegt das nicht an ihm, sondern an Ihnen. Ihr Liebhaber spürt unbewusst Ihre Ohnmacht und Ihren Mangel an Selbstachtung, folglich behandelt er Sie auch entsprechend.

Wenn Sie von den Leuten in Ihrem Büro übervorteilt werden, müssen Sie nicht lange nach dem Sündenbock suchen – Sie selbst sind diejenige, die das Verhalten Ihrer Kolleginnen und Kollegen hervorruft. Stets werden die Menschen geschädigt, die als schwach und nachgiebig empfunden werden, unabhängig davon, ob es sich um Männer oder Frauen, junge oder alte Menschen, Leute am Arbeitsplatz oder Kinder am Spielplatz handelt.

Einem Menschen, dem Macht fremd ist, kann man nicht beschreiben, wie es ist, Macht zu verspüren. Wer dagegen mit Macht vertraut ist, weiß, dass jeder Mensch seine ureigene Machtprobe auf einzigartige Weise erlebt. Die Grundzüge der Macht sind in jeder Frau angelegt, und dennoch geht nicht jede Frau ständig auf Konfrontationskurs. Im Grunde geht es bei Macht lediglich darum, die richtige Haltung zu finden und nach außen hin zu zeigen: »Ich bin die Quelle meiner Macht. Ich bin mächtig.«

Das Lexikon zitiert ›Macht‹ so: »die Fähigkeit, zu tun oder zu handeln; die Befähigung, etwas zu tun oder zu bewirken; Stärke; Kraft; die Kontrolle oder die Herrschaft über andere haben; jemand oder etwas, der oder das Autorität oder Einfluss besitzt oder ausübt.« Keine dieser Erklärungen kann aber das Wesen der Macht wirklich erfassen.

Wenn ich ohne weitere Erklärung von Macht spreche, dürfte allseits klar sein, dass damit die Macht gemeint ist, die jeder Frau innewohnt. Macht ist eine wirkliche, greifbare Kraft, die sich in Ihrem Gefühl und Erleben zeigt. Wenn Sie in sich keine Macht verspüren, wie wollen Sie dann Macht ausüben, um sich Ihre Wünsche zu erfüllen oder andere zu beeinflussen? Dieses deutliche, unverkennbare Erleben der Macht muss in Ihnen entstehen und wachsen. Aber selbst wenn Sie Macht in sich spüren, bleibt dennoch die Frage: »Wie können Sie diese Macht zum Ausdruck bringen?«

Sechs Schritte, eine mächtige Frau zu werden

1. Finden Sie heraus, wo Ihre Macht nicht liegt

Wenn Sie alle Orte, an denen Sie vergeblich nach Macht suchen, bereits ausgeklammert haben, stoßen Sie am Ende zwangsläufig auf die Quelle reiner Macht. Macht gewinnen Sie nicht durch Ihren Amtstitel oder Ihr Bankkonto, auch nicht durch Ihre gesellschaftliche Stellung oder Ihren Familiennamen. Macht ist in Ihnen selbst verankert, und es liegt an Ihnen, sie zu finden. Diesen Punkt möchte ich Ihnen anhand einer wahren Geschichte verdeutlichen.

Dr. Narita wurde in Japan unter einem Glücksstern geboren. Ihr Vater bekleidete ein hohes politisches Amt – er war als Kabinettsminister für seine Regierung tätig gewesen –, hatte einen ausgeprägten Spürsinn für Finanzen und war ein einflussreicher Mann in den oberen Schichten der japanischen Gesellschaft.

Dr. Narita war eine folgsame Tochter. Sie hatte mit großem Eifer studiert und ihren Abschluss an der medizinischen Fakultät einer renommierten Universität gemacht. Vor 25 Jahren war sie in die Vereinigten Staaten gekommen, um ihr praktisches Jahr zu absolvieren. Da sie eine überragende Studentin und hart arbeitende Ärztin im Praktikum war, wurde ihr eine Position an einer anerkannten Klinik angeboten, die von einigen Professoren der medizinischen Fakultät gegründet worden war. Einige Jahre hatte sie eine leitende Position in der Klinik inne. Alles lief so, wie sie es sich immer vorgestellt hatte – bis vor sechs Jahren.

Als es mit ihrem 85-jährigen Vater gesundheitlich bergab ging, begannen die Probleme. Dr. Narita sprach mit ihrem Vater über ihren Wunsch, seinen Medienkonzern in Japan zu übernehmen. Zunächst hatte ihr Vater Einwände gegen dieses Vorhaben, da er seine Tochter für zu unerfahren hielt, um in der Welt der Machtkämpfe und des Finanzmanagements bestehen zu können, aber schließlich konnte er ihrem Drängen nicht mehr widerstehen. So gab der alte Herr nach und überredete die anderen Aktionäre, seiner Tochter die Chance zu geben, das Unternehmen, das er von Grund auf aufgebaut hatte, zu führen.

Aus Achtung vor den Wünschen des Firmenbegründers erklärte sich der Vorstand damit einverstanden, dass Dr. Narita den Konzern übernahm. Dr. Narita verfiel in einen Freudentaumel. Inzwischen war Sie fünfzig Jahre alt und ihrer Routinearbeit in der Klinik überdrüssig. Sie verkaufte ihre Anteile an der Klinik, nahm ihre Familie und kehrte nach Japan zurück.

Drei Jahre nach Herrn Naritas Tod war Dr. Narita, nunmehr dreiundfünfzig Jahre alt, zum ersten Mal in ihrem Leben arbeitslos. Sie hatte ihren Posten durch einen Mehrheitsbeschluss des Vorstands verloren, der ihr mangelhafte Führung vorwarf. Sie nahm eine Stelle in einem japanischen Krankenhaus an, da sie keine anderen Alternativen hatte. Kurz nachdem sie die leitende Position im Konzern ihres Vaters angetreten hatte, sah ich sie. Sie trug einen sechskarätigen Rubinring und hatte einen eigenen Chauffeur, von dem sie sich im firmeneigenen Mercedes in der Stadt herumfahren ließ. Erst vor kurzem traf ich sie wieder; den Schmuck trug sie nicht mehr, und sie kam mit der Tokioer U-Bahn an. Bei unserer letzten Zusammenkunft vertraute sie mir unter bitteren Tränen der Verzweiflung an: »Nun habe ich keine Macht mehr.«

Ich sah sie an, und mir wurde klar, dass diese Frau nicht die leiseste Ahnung davon hatte, was Macht wirklich bedeutet. Ihr wurde eine Machtposition übertragen, da sie jedoch keine innere Macht besaß, konnte sie sich in der ihr übertragenen Stellung nicht behaupten. Sie kennt alle Leute in diesem Land, die an den Schalthebeln der Macht sitzen, und alle haben irgendwann einmal von der Beziehung zu ihrem Vater profitiert. Obwohl diese Leute durchaus gewillt waren, sich für die Hilfe, die ihnen Dr. Naritas Vater einst gewährt hatte, zu revanchieren, konnten sie ihr keine Hilfe sein, da sie ihre innere Ohnmacht erkannten.

Dr. Narita hat Recht, sie hat keine Macht. Allerdings führt sie ihre gegenwärtige Machtlosigkeit darauf zurück, dass ihre derzeitige Arbeitsstelle keine Position ist, die mit Macht einhergeht. Ihr ist nicht klar, dass Macht zunächst von innen kommt und sich erst dann, wenn sich die richtige Position bietet, auch nach außen hin darstellt. In ihrem Fall wurde Macht zunächst von außen übertragen, und da es ihr an innerer Macht fehlte, war sie nicht in der Lage, diese äußere Machtposition zu behalten.

Welche innere Macht Sie auch besitzen mögen, sie wird auf jeden Fall äußerlich sichtbar werden. Wenn es Ihnen hingegen an innerer Macht fehlt, würden Sie sogar ein Ihnen anvertrautes Königreich verlieren.

2. Erheben Sie Anspruch auf Ihre Macht

Viele Frauen kämpfen darum, dass man ihnen Machtpositionen zugesteht. Macht wird Ihnen jedoch nicht von anderen verliehen, und Sie müssen auch nicht warten, bis Ihnen jemand erlaubt, Ihre Macht auszuüben. Sie selbst müssen Ihre Macht beanspruchen und geltend machen.

Einmal hielt ich eine Rede für über 1 000 Spitzenvertriebsleute, die für das Unternehmen *IBM* im asiatisch-pazifischen Raum tätig waren. Asien ist der einträglichste Exportmarkt für *IBM*, und alle Teilnehmerinnen und Teilnehmer hatten für ihre Firma Umsätze in Höhe von mehreren Millionen Dollar erwirtschaftet. Während der Feier wurden sieben führende Hersteller geehrt. Wie sich beim Verlesen ihrer Namen herausstellte, waren die ersten fünf Frauen, drei davon hochschwanger.

Alle anwesenden Frauen applaudierten, und alle, auch die männlichen Teilnehmer, freuten sich, dass diese starken Frauen so erfolgreich waren. Auch dieses Ereignis bestätigt, dass Frauen mächtig sind und ihre Macht nach außen hin zeigen können, unabhängig von ihrer Nationalität und der Kultur, in der sie leben. Sie müssen lediglich selbstbewusst sein und Ihre in Ihnen verwurzelte innere Macht demonstrieren.

3. Finden Sie heraus, wo Ihre Macht liegt

Macht beginnt mit einem Erleben oder Bewusstsein, das wir in uns spüren, aber wo ist dieses anzusiedeln? In der großen Zehe oder auf dem Kopf? Ist Macht greifbar oder nicht? Oft wird Macht als nicht fassbar verstanden, aber für den Menschen, der Macht besitzt, ist sie durchaus greifbar und real. Ich möchte Ihnen die Erfahrung vermitteln, wie sich Macht in Ihnen manifestiert, so dass Sie mit Ihrer Macht unmittelbar in Berührung kommen. Wenn Sie Zugang zu Ihrer inneren Macht haben, können Sie diese in der Außenwelt bewusst steuern, zeigen und beeinflussen.

Schließen Sie die Augen. Richten Sie Ihre Aufmerksamkeit und Ihre Wahrnehmung auf das Innere Ihres Körpers, auf die Herzregion. Verlagern Sie Ihr Bewusstsein nach unten, tiefer und tiefer, bis Sie im Zentrum Ihres Herzens angelangt sind. Werden Sie ruhiger und ruhiger. Wenn sich Ihre Ruhelosigkeit gelegt hat, verspüren Sie den Frieden, der im Grunde Ihres Seins verankert ist.

Folgen Sie Ihrem Atem. Lassen Sie Ihren Verstand tiefer und tiefer in das Zentrum Ihres Seins eintauchen. Atmen Sie tief in den Bauch hinein. Versenken Sie sich in Ihren Atem. Lösen Sie sich von Ihrer rationalen Betrachtungsweise und der Vorstellung von Herz und Verstand. Lösen Sie den Widerstreit zwischen Herz und Verstand auf, dann fühlen Sie, wie Sie mit einer neuen Dimension von Energie verbunden sind. Diese Energie ist voller Lebendigkeit und Klarheit, sie besitzt eine eigene Orientierung – so fühlt sich Macht an.

Obwohl diese Macht in jedem Menschen gegenwärtig ist, können viele keinen Zugang zu ihrer Macht finden. Das ist darauf zurückzuführen, dass die meisten Menschen nicht gewöhnt sind, ihre Macht umfassend zu nutzen und zu demonstrieren. Da der Mensch ein Gewohnheitstier ist, lässt sich auch aus dem Aufspüren und Nutzen von Macht eine Gewohnheit machen.

4. Nehmen Sie sich die Natur zum Vorbild

Die dem Menschen innewohnende Macht nimmt auch im Universum Gestalt an und zeigt sich in den Naturkräften. Sun Tsu beschreibt eine mächtige Armee als das Walten der Naturkräfte – Wind, Wald, Feuer, Berg, Wolken und Blitzschlag. Wenn man weiß, wie eine mächtige Armee aussieht, versteht man auch, was eine mächtige Frau ausmacht. Durch Wind, Wald, Feuer, Berge, Wolken und Blitz wird die Macht in der Natur sichtbar. Stellen Sie sich diese Kräfte vor und befassen Sie sich mit ihrem eigentlichen Wesen, und Sie fühlen sich sogleich mächtiger.

- Der Wind oder Sturm fegt über alles hinweg, was ihm in den Weg kommt. Er weht bedenkenlos und kümmert sich nicht um die – positive oder negative – Auswirkung, die er auf die Erde hat. Der Wind folgt nur seinem Plan.

- Der Wald setzt sich aus unzähligen Bäumen zusammen, die schon seit Hunderten von Jahren bestehen. Diese Bäume haben erlebt, wie Menschen geboren werden und sterben, Schlachten ausgetragen und verloren werden, tote Körper auf der Erde liegen und zu Staub zerfallen. Während sich das menschliche Geschehen fortwährend entwickelt, bleibt der Wald unbewegt, in seine Daseinsfreude versunken.

- Das Feuer brennt ungehindert – ohne Rücksicht auf die Konsequenzen, die es für seine Umgebung hat. Feuer braucht keine Erlaubnis, um die Wälder niederzubrennen. Es kennt nur ein Bestreben und ist von seiner eigenen Zielsetzung vollkommen in Anspruch genommen.

- Der Berg ist beständig und unbeweglich. Angesichts von Veränderungen beobachtet der stetige und unveränderliche Berg das Durcheinander, das sich um ihn herum ausbreitet, mit ruhiger Gelassenheit.

- Die Wolken sind so undurchdringlich, dass sie selbst die hellsten Sonnenstrahlen überdecken. In einer dicken Wolkenschicht verbergen sich alle geheimen Dinge.

- Der Blitz schlägt rücksichtslos und unbarmherzig ein. Der Blitz kann die Quelle von Elektrizität oder der Dämon der Zerstörung sein, und dennoch sorgt sich der Blitzschlag nicht um seine Taten. Er ist von Ihrem Urteil unabhängig. Der Blitzschlag wirkt lediglich getreu seiner Natur.

Diese sechs Kräfte sind wild, wesensgemäß und unbeteiligt. Lassen Sie sich ihre Besonderheiten durch den Kopf gehen und finden Sie heraus, wie Sie die Macht der Naturkräfte auch für sich einsetzen können, um Ihre edlen Ziele zu erreichen.

5. Pflegen Sie die Einstellung »Ich bin«

Stellen Sie sich im Geiste ein Bild vor und konzentrieren Sie sich dann auf dieses Bild. Sagen Sie zu sich selbst: »Ich bin.« Sie müssen im Leben den Standpunkt einnehmen, dass Sie bereits die Person sind (nicht nur versuchen, zu sein), die Sie sein wollen.

Vor nicht allzu langer Zeit war ich als Beraterin für einen asiatischen Präsidentschaftskandidaten tätig. Er hatte erst vor kurzem bei einem Gouverneurswahlkampf eine klägliche Niederlage hinnehmen müssen und war nun in den Präsidentschaftswahlkampf eingestiegen. Ich bemerkte, dass er – in Anbetracht dieser Niederlage – bei seinem neuen Wahlkampf um das Amt des Präsidenten größere Anstrengungen unternahm als je zuvor.

Auf das Fernsehpublikum wirkte er allerdings wie ein Mann, der nur versuchte, der nächste Präsident zu werden. Wer stimmt schon für einen Kandidaten, der es bei einem Versuch bewenden lässt? Die Wähler entscheiden sich für die Frau (den Mann), die (der) wie die nächste Präsidentin (der nächste Präsident) aussieht und handelt.

Ich riet ihm, vor jeder Rede das Mantra »Ich bin der Präsident« zu wiederholen, bis es für ihn zur Realität geworden sei. Zudem riet ich ihm, stets seine innere Überzeugung zu vermitteln, dass er das Amt des Präsidenten bereits innehabe. Von diesem Moment an änderte sich sein gesamtes Auftreten, er benahm sich wie ein Präsident. Da dies der Öffentlichkeit keineswegs verborgen blieb, holte er in den Meinungsumfragen innerhalb von drei Wochen beachtlich auf; er stieg vom dritten Rang zur Spitzenposition auf. Am Ende wurde er der Präsident eines pazifisch-asiatischen Landes.

Werden Sie sich Ihrer körperlichen Empfindungen bewusst, die mit der Vorstellung von »Ich bin« einhergehen. Fühlen Sie sich größer, stehen oder sitzen Sie gerader? Tragen Sie den Kopf etwas höher? Wie hat sich Ihr Gesichtsausdruck verändert? Fühlen Sie sich ruhiger und entspannter?

Wenn Sie mit der Kraft von »Ich bin« verbunden sind, teilen Sie Ihre Gedanken mit entsprechender Stimme mit. Dabei spielt es keine Rolle, ob Ihre Stimme streng oder weich klingt. Nicht der Tonfall ist ausschlaggebend, noch nicht einmal die Worte, die Sie wählen, um Ihre Gedanken darzulegen, sondern die innere Überzeugung, mit der Sie Ihre Sache vortragen.

- Die Kraft, die sich hinter Ihrer Stimme verbirgt, ist beherrschend und überzeugend, sie beruht auf der Macht von »Ich bin«. Wenn Sie einem möglichen Käufer ein Produkt oder eine Dienstleistung verkaufen wollen, genügt es nicht, wenn Sie nur denken: »Ich werde ihm etwas verkaufen.« Sie müssen aus tiefstem Herzen glauben, dass sie ihm Ihr Produkt bereits verkauft haben. Daher wird Ihre Stimme voller Überzeugungskraft sein, wenn Sie mit ihm sprechen. Sie werden sehen, wie bereitwillig er auf das Geschäft eingehen wird.

- Ob Sie nun mit Ihrem Partner oder Ihren Kolleginnen, Angestellten oder Vorgesetzten sprechen oder herumalbern, verlieren Sie niemals Ihren Sinn für »Ich bin«.

- »Ich bin, also bin ich.« Wir werden das, was wir uns selbst zuerkennen. Hierbei handelt es sich um eine Gesetzmäßigkeit, die mit mathematischer Sicherheit eintrifft, da sie auf so vielen Ebenen wirkt, dass wir uns deren nicht einmal gewahr werden. Diese Gesetzmäßigkeit trifft sowohl auf positive als auch auf negative Sätze der Selbstprogrammierung zu. Bedenken Sie also genau, worauf Sie sich programmieren.

6. Seien Sie gelöst und konzentriert

Wenn Sie zu sehr auf die Konsequenzen – die Provision, die Arbeitsstelle oder auch die Gefühle eines anderen Menschen – bedacht sind, beeinträchtigen Sie Ihre eigene Klarsicht, und Sie verlieren Ihre Macht. Eine Schauspielerin, die für ein Bühnenstück oder einen Film vorspricht, muss sich auf ihre Rolle konzentrieren; sie darf keinen Gedanken daran verschwenden, ob sie das Engagement bekommt. Eine Verkäuferin muss bestrebt sein, ihrem Kunden die bestmögliche Dienstleistung zu bieten, statt an ihre Provision zu denken. Eine Freundin, die nicht offen und ehrlich zu Ihnen ist, weil sie Ihre Gefühle nicht verletzen möchte, erweist Ihnen einen schlechten Dienst; zudem tritt sie ihre Macht ab. Daher müssen Sie sich unbedingt vom Ausgang einer Sache lösen und sich auf das Wohlergehen Ihrer Kundschaft, Ihres Kindes oder Ihrer Freundin konzentrieren.

Während eines Seminars fragte mich einmal ein sehr nettes Mädchen: »Wie kann ich von meiner Freundin mein Geld zurückbekommen, ohne unsere Freundschaft zu gefährden?« Wie es scheint, finden es viele gutmütige Menschen schwierig, Geld, das sie an ihre Freunde verliehen haben, zurückzufordern. Das Erstaunliche dabei ist, dass die Freundin des Mädchens das Geld nahm und nicht wie vereinbart zurückzahlte und das Mädchen dennoch an der Freundschaft festhielt. Nach dem gleichen Muster läuft auch die Beziehung zu Ihrem Liebhaber ab. Wenn Sie glauben, ohne ihn nicht leben zu können, spürt er Ihre Machtlosigkeit. Wenn Sie dagegen nicht das Gefühl haben, dass Ihr Leben von ihm abhängt, spürt er Ihre Macht, und Macht ist nun einmal das beste Aphrodisiakum.

Ich fühle mich am mächtigsten, wenn ich mich von den Früchten meiner Arbeit und den Erwartungshaltungen meiner Umgebung frei gemacht habe, während mein Verstand messerscharf arbeitet und mit einem klaren Zweck und Ziel auf eine bestimmte Richtung zusteuert. Wenn Sie glauben, ohne das Objekt Ihrer Begierde nicht leben zu können, werden Sie Ihre Macht einbüßen und seelischen Bankrott erleiden. Wenn Sie hingegen gewillt sind, auf das Objekt Ihrer Begierde zu verzichten, werden Sie feststellen, dass in diesem Zustand der Gelöstheit Ihre Macht verankert ist.

*Wenn Sie feststellen,
dass Sie gefangen und umzingelt sind,
werden Sie jegliche Furcht verlieren.
Wenn jeder Fluchtweg versperrt ist,
werden Sie Mut fassen und
standhaft sein.
Wenn Sie keine Wahl haben,
werden Sie mit aller Kraft
zurückschlagen.*
Sun Tsu (11.33)

Was taten Sie als Erstes, nachdem Sie das Licht der Welt erblickt hatten? Sie öffneten den Mund und fingen an zu schreien. Sie waren natürlich, frei, vollkommen und ungekünstelt. Sie waren mächtig, eine geborene Kriegerin. Seit Ihrer Geburt haben Sie so viel Macht inne, dass Sie die Hindernisse in Ihrem Leben mühelos überwinden können.

Irgendwann in Ihrem Leben ist Ihnen diese natürliche Weiblichkeit abhanden gekommen. Wenn Sie sich Ihrer eigenen Macht bewusst werden, können Sie wieder die werden, die Sie wirklich sind: eine von Natur aus mächtige Frau. Das ist DI, die Natur, die uns unser Schöpfer mitgegeben hat. Machen Sie guten Gebrauch davon. Finden Sie zu sich selbst zurück, und Sie werden durch Ihre eigene innere Kraft mächtig.

IV. Jiang – Führerschaft

Eine Befehlshaberin muss weise, vertrauenswürdig, wohlwollend, mutig und streng sein.
Sun Tsu (1.6)

> Wenn Sie von Ihrem Kind niemals gehasst wurden,
> dann hatten Sie nie eines.
>
> *Bette Davis*, Schauspielerin

Eine gute Mutter, eine gute Führungskraft

Daher der Ausspruch: Die einsichtige Befehlshaberin
plant weit voraus.
Die gute Generalin bereitet ihre Operation
äußerst sorgfältig vor.
Sun Tsu (12.16)

Von Napoleon stammt der Satz: »Führerschaft ist alles.« Eine Befehlshaberin gewinnt Schlachten, indem sie hervorragende Siegesstrategien entwirft und sodann ihre Truppen befehligt und anspornt, ihre Pläne auszuführen. Bei Führerschaft geht es nicht um Ihren beruflichen Titel, sondern ausschließlich um Ihre Haltung. Frauen sehen sich nur selten als Führungskräfte, besonders Mütter, die sich wohl oftmals eher als Hausangestellte verstehen. Dennoch sind Frauen mit Führerschaft durchaus vertraut, da jede diese Rolle schon einmal gespielt hat.

Am Spielplatz haben Sie vielleicht Ihre Schwestern oder Brüder angeführt, zu Hause leiten Sie Ihre Kinder, und innerhalb der Kirchengemeinde übernehmen Sie bei Sonntagsausflügen eine Führungsrolle. Allerdings wird dies im Allgemeinen nicht als Führerschaft betrachtet, sondern den Dingen des täglichen Lebens zugerechnet. Wenn das 21. Jahrhundert wirklich den Frauen gehören soll, dann dürfen wir nicht mehr darauf warten, bis uns jemand anleitet oder uns die Führungsrolle überlässt, so dass wir die Dinge endlich selbst in die Hand nehmen können. Stattdessen sollten wir die Haltung einer Führungskraft annehmen.

Eine gute Führungskraft führt, indem sie die Zügel in die Hand nimmt

Von der folgenden Geschichte habe ich in *Gelassen zum Glück*, meinem letzten Buch, berichtet. Nach einem Vortragsengagement in Lima, Peru, beschloss ich, Machu Picchu, eine Stätte alter inkaischer Pyramiden, zu besichtigen. Für eine Ausländerin ist es nicht leicht, sich in einer Stadt wie Peru zu bewegen, also hatte ich mir eine erstklassige Reise mit allem Drum und Dran geleistet, die auch eine luxuriöse Unterkunft einschloss.

Ich stieg in Machu Picchu aus dem Zug. Dort sollte mich mein örtlicher Fremdenführer am Bahnsteig treffen. Er war nirgends zu finden. Ich folgte der Menschenmenge, die zur Ausgangstür strömte. Diese Tür führte zu einer zickzackförmigen, Disneyland-artigen Wartelinie mit Aluminiumhandlauf. Am Ende des Handlaufs standen einige Busse.

Äußerst förmlich wirkende Leute wiesen die Ankommenden an, in die Busse zu steigen. Inzwischen versuchte ich herauszufinden, wie ich nach Machu Picchu kommen konnte. Die Antwort auf meine Frage lautete: »Steigen Sie in den Bus.«

Nach einer Fahrt auf einer engen, gewundenen, unbefestigten Straße, die zur Spitze des Berges führte, wurde ich aus dem Bus katapultiert – und ich sah mich der alten Pyramidenstadt der Inkas gegenüber. Schnell wurde mir klar, dass ich am falschen Ort war, denn es war vorgesehen, dass man mich zunächst in mein Hotel bringen sollte. Wie sich dann herausstellte, lag mein schönes Hotel am Fuße des Berges, unweit des Bahnhofs. Nun dämmerte mir allmählich, weshalb die anderen Busfahrgäste kein Gepäck bei sich hatten: Sie würden noch am selben Nachmittag nach Cusco zurückfahren. Auf keinen Fall konnte ich die Pyramiden mit meinem gesamten Gepäck besichtigen.

Irgendwie musste ich den Berg hinunterkommen. Ich bezahlte einige Leute vom Ort, damit sie mein Hotel anriefen und baten, mich von einem Wagen abholen zu lassen. Zuerst wurde mir gesagt, das Fahrzeug sei so gut wie unterwegs. Vierzig Minuten und mehrere Telefonanrufe später wurde mir jedoch mitgeteilt, dass ich mit keinem Auto rechnen könne und stattdessen mit dem Bus hinunterfahren solle.

Oben parkten fünfzehn Busse. Aber keiner würde den Berg hinunterfahren, da nur fünf Leute von hier weg wollten: außer mir noch mein Ehemann, ein Australier und ein Paar aus Südafrika.

Nachdem ich eine weitere Stunde mit Warten verbracht hatte, ging mir langsam auf, dass hier einiges falsch lief. Ich stand auf, ging durch das Straßencafé und rief: »Wer möchte in die Stadt zurückfahren?« Vierzig Leute erhoben sich und gingen zum Bus.

Da der Bus nur 35 Fahrgäste aufnehmen konnte, mussten sogar einige Leute zurückbleiben.

Eines war mir dadurch klar geworden: Wenn niemand die Zügel ergreift, geht nichts voran. Die Tatsache, dass sich die meisten Menschen nicht als Führungskräfte begreifen, erweitert Ihre eigenen Möglichkeiten. Wenn Sie sich in einer Situation befinden, die nach einer Führungskraft verlangt, so nehmen Sie die Sache in die Hand. Sie führen, indem Sie einfach die Leitung übernehmen.

Führerschaft ist eine Frage der Einstellung

Führerschaft ist nicht im beruflichen Titel oder Rang begründet, sondern im Charakter einer Person verankert. Dabei geht es nicht um Druck oder Zwang, sondern um Stärke und Lenkung. Es handelt sich auch nicht um ein Verhalten, sondern um eine klare, innere Haltung. Es ist durchaus kein Widerspruch, wenn Sie die Mitglieder Ihrer Familie auf sanfte Art leiten und Ihre Angestellten mit starker Hand führen.

Führungspersönlichkeiten finden sich nicht nur im Geschäftsleben oder in Militärlagern, sondern auch in der Familie. Wer Einfühlungsvermögen und Verständnis zeigt, sich als vertrauenswürdig erweist und eine klare Richtung vorzugeben vermag, ist eine gute Führungskraft – sei es im Privat- oder im Berufsleben. Wenn Sie Ihre Kinder nicht im Zaum halten können und zu Hause die Rolle des Fußabtreters spielen, wenn Ihre Kinder auf Ihnen herumtrampeln und Sie schlecht behandeln, dann können Sie auch am Arbeitsplatz keine taugliche Führungskraft sein, selbst wenn auf Ihrem Schreibtisch ein Namensschild steht, in das der Titel »Leiterin« eingraviert ist.

Es ist absurd zu glauben, dass Sie zu Hause eine Maus sein und sich durch die Fahrt ins Büro unvermittelt in einen Tiger verwandeln können. Wenn Ihre Arbeit einen brüllenden Tiger erfordert, dann brüllen Sie los, und wenn zu Hause ein schnurrendes Kätzchen gebraucht wird, dann schnurren Sie einfach. Sowohl der Tiger als auch das Kätzchen können fähige Führungskräfte sein, das ist nur eine Frage der Einstellung.

Gute Mütter und gute Führungskräfte haben fünf wichtige Eigenschaften gemeinsam

1. Weisheit

Eine berufliche Führungskraft muss über einen großen Weitblick verfügen und fachlich äußerst kompetent sein, um ihre Vorstellungen verwirklichen zu können. Anders ausgedrückt: Sie muss in dem, was sie tut, auf jeden Fall sehr gut sein, denn nur so kann sie für den Gewinn und die Zufriedenheit ihrer Angestellten und ihres Unternehmens garantieren.

Aber auch eine Mutter muss klug vorgehen, wenn sie ihren Kindern eine gute Führung bieten und ihrem Ehemann in kritischen Zeiten eine hilfreiche Unterstützung sein möchte. Sie muss all die Aufgaben erledigen, die in einem Haushalt täglich anfallen, und sich stets um die Bedürfnisse der Familie kümmern. Zudem muss sie für die Zukunft ihrer Kinder Pläne ausarbeiten und ausführen. Weisheit, Leitung, Weitblick, Führung und Können zeichnen sowohl eine weise Mutter als auch eine weise Führungskraft aus.

2. Vertrauenswürdigkeit

Wir kommen mit einem uneingeschränkten Vertrauen zur Welt, das wir jedoch aufgrund der schlechten Erfahrungen, die wir im Leben machen, nach und nach verlieren. Noch bevor wir in das Berufsleben eintreten, ist uns das Misstrauen längst zur zweiten Natur geworden. Daher muss sich eine Führungskraft erst das Vertrauen ihrer Angestellten verdienen. So kann sie verhindern, dass diese ihre Fähigkeit, die Firma in eine lange und erfolgreiche Zukunft zu führen, in Frage stellen. Wenn ihre Mitarbeiterinnen und Mitarbeiter kein Vertrauen in ihre Vorgesetzte haben, verwenden sie ihre Arbeitszeit darauf, nach einem neuen Arbeitsplatz zu suchen und sich mit den entsprechenden Stellen in Verbindung zu setzen, statt sich auf ihre Arbeit zu konzentrieren.

Wenn eine Führungskraft nicht das Vertrauen ihrer Vorgesetzten, Investoren und Aktionäre genießt, kann sie nicht ungehindert arbeiten, um ihre Vorstellungen in die Realität umzusetzen. Ihre Vorgesetzten werden sich einmischen und versuchen, sie zu unterweisen. Wenn sie ein minderwertiges Produkt oder einen schlechten Kundendienst bietet und dadurch das Vertrauen der Kunden erschüttert, verliert sie nicht nur ihre eigene Glaubwürdigkeit, sondern auch die ihrer Firma, was wiederum zu einem Einnahmeverlust führt.

Als Führungskraft müssen Sie sich auch fragen, ob Sie Ihren Angestellten, Geschäftspartnern und Investoren trauen können. Verdienen diese Ihr Vertrauen wirklich? Wenn Sie diese Frage verneinen müssen, dann haben Sie ein ernsthaftes Problem. Überlegen Sie, wie Sie diese Situation ändern können. Kann jeder einzelne Vertrauensbruch zur Sprache gebracht und wieder gutgemacht werden?

All dies trifft auch auf eine Mutter zu. Wenn eine Mutter nicht das Vertrauen ihrer Kinder genießt, kann sie ihnen nicht mit ihrer Weisheit und Führung zur Seite stehen. Ihre Kinder schließen sie so weit wie möglich aus ihrem Leben aus. Die Mutter kann nicht mehr nachvollziehen, was ihre Kinder bewegt. Wenn Jugendliche schwanger werden, heimlich eine Abtreibung vornehmen lassen oder Drogen nehmen, dann haben sie nicht genug Vertrauen zu ihren Eltern, um ihnen ihr Herz auszuschütten. Ohne Vertrauen ist keine Verständigung möglich, und damit ist auch jedes echte Verständnis ausgeschlossen.

Für Kinder, die nicht vom Erfahrungsschatz ihrer Mutter profitieren können, ist es sehr schwierig, sich in dieser komplexen Welt zurechtzufinden. All diese Probleme sind auf ein gestörtes Vertrauensverhältnis zurückzuführen. Wie eine Führungskraft im Geschäftsleben erst das Vertrauen ihrer Angestellten, Kunden usw. gewinnen muss, darf auch eine Mutter nicht als selbstverständlich voraussetzen, dass ihre Kinder ihr vertrauen. Sie muss sich zunächst die Zeit nehmen herauszufinden, wann und wie sie das Vertrauen ihrer Kinder erschüttert hat. Dann muss sie sich intensiv darum bemühen, das Vertrauensverhältnis wiederherzustellen.

3. Wohlwollen

Wohlwollend zu sein heißt keinesfalls, für Ihre Mitmenschen den Fußabtreter zu spielen. Vielmehr bedeutet es, eine innere Stärke auszustrahlen und in der Lage zu sein, verschiedene Ansichten unter einen Hut zu bringen. Wohlwollen erwächst aus Stärke und innerer Sicherheit. Eine wohlwollende Führungskraft gewinnt die Liebe und Unterstützung ihrer Kollegen und Geschäftspartner. Sie ist nicht verunsichert, wenn sie auf ihre Fehler angesprochen wird; stattdessen fühlt sie sich ihren Angestellten zu Dank verpflichtet, wenn diese derart offen und ehrlich zu ihr sind. Eine wohlmeinende Führungskraft fördert den Sinn für Gleichheit unter ihrem Führungsteam und ihren Beschäftigten. Die Aufgaben mögen zwar verschieden sein, aber die Chancen und die grundlegende menschliche Würde sind gleich. Eine wohlgesinnte Führungskraft sorgt dafür, dass die Menschen gerne für sie arbeiten.

Eine wohlwollende Mutter befindet sich in einer vergleichbaren Lage. Sie akzeptiert und versteht die Standpunkte ihrer Kinder. Eine Mutter, die ihren Kindern ihre eigenen Werte und Regeln gnadenlos aufzwingt, übt einen sehr schädlichen und zerstörerischen Einfluss auf ihre Kinder aus. Und sicherlich zeigt sich das Wohlwollen einer Mutter nicht, indem sie ihnen regelmäßig einbläut: »Das ist nur zu deinem eigenen Besten.« Dagegen versucht eine gütige Mutter, selbst das Verhalten zu verstehen, das für sie nur schwer nachvollziehbar ist. Nur eine wohlmeinende Mutter darf darauf hoffen, dass ihre Kinder Vertrauen zu ihr haben und sich ihrer weisen Führung überlassen.

4. Mut

Eine fähige Führungskraft denkt und plant voraus. Wenn sie dies versäumt, wird ihre Arbeit bald veraltet und überholt sein. Dennoch erfordert es einigen Mut, vorausschauend zu denken und zu handeln, da dies Neuerungen einschließt. Um etwas neu gestalten zu können, müssen Sie Risiken und Unsicherheiten in Kauf nehmen. Wenn Sie im Geschäftsleben kühn genug sind, drastische Änderungen herbeizuführen, laufen Sie Gefahr, ein Chaos anzurichten, das schließlich zu einem Rückgang der kurzfristigen Einnahmen führen kann.

Falls Sie auf neue Art Geschäfte tätigen und größere Wachstumschancen für die Zukunft schaffen wollen, müssen Sie eine Durststrecke überwinden. Während dieses Zeitraums müssen Sie besondere Anstrengungen unternehmen, um Ihr bestehendes Geschäftseinkommen zu sichern. Für diese Art von Maßnahmen müssen Sie schon Courage haben. Wenn Sie einen vorübergehenden Rückschlag erleiden, werden Sie sich vor den Mitgliedern Ihres Vorstands, Ihren Investoren und Ihren Vorgesetzten rechtfertigen müssen.

Ohne Mut können Sie keine Menschen führen. Drastische Schritte sollten Sie jedoch erst unternehmen, wenn Sie in Ihrem Fachbereich absolut sattelfest sind und folgende Fragen bejahen können:

Bin ich entschlossen genug?
Habe ich den Mut, die erforderlichen Aufgaben zu verwirklichen?
Bin ich gewillt, die kalkulierten Risiken einzugehen?
Bin ich couragiert genug, um mit unerwarteten kurzfristigen Rückschlägen fertig zu werden?
Bin ich unerschütterlich stark?
Kann ich mit Anfeindungen umgehen?
Kann ich harte Zeiten durchstehen?

Zähigkeit und Ausdauer sind für den Erfolg einer berufstätigen Frau unverzichtbar, unabhängig davon, ob Sie diese Eigenschaften für Ihre persönlichen Ziele oder die Ziele Ihres Unternehmens einsetzen. Wenn Sie die durch Rückschläge bedingte, seelische Anspannung nicht ertragen können, sollten Sie weder im privaten noch im beruflichen Bereich eine Führungsrolle übernehmen.

Joanne, eine Unternehmerin und Vorstandsvorsitzende eines beträchtlichen Unternehmens, war die Beklagte in einem Gerichtsverfahren, das sich über acht Jahre hinzog. Der Staat Kalifornien hatte ihr dieses Verfahren aufgrund einer ihrer geschäftlichen Entscheidungen auferlegt. Nach dieser qualvollen Zeit gewann sie zwar das Gerichtsverfahren, aber sie hatte dafür acht Jahre lang durch die Hölle gehen müssen. Diese Sache zerstörte Joanne jedoch nicht, sondern machte sie sogar noch härter. Und in der Zwischenzeit wuchs und florierte ihr Unternehmen.

Während meines Seminars erzählte sie mir: »Ich war sehr bewegt, als Sie die Worte lasen: ›Selbst die größte Kriegerin zittert vor Furcht, wenn sie mitten auf dem Schlachtfeld steht. Aber obwohl ihr Körper und Geist voller Furcht sind, ist ihr Herz dennoch unerschrocken. Sie kann sich von der Furcht ihres Körpers und Geistes lösen und sich stattdessen an ihrem furchtlosen Herzen festhalten.‹ Das beschreibt genau, was ich erlebt habe.« Auch einer mutigen Führungskraft ist das Gefühl der Furcht durchaus nicht fremd. Aber trotz ihrer Angst nimmt sie ihre Herausforderungen beherzt an und tut, was getan werden muss.

Auch einer Mutter ergeht es nicht anders. Sie braucht viel Mut, um ihren Kindern Vertrauen entgegenzubringen und mit den Konsequenzen ihrer kleineren und größeren Eskapaden fertig zu werden. Kinder erzählen ihren Eltern deshalb nichts von ihren Fehltritten, weil sie genau wissen, dass sie sonst mit der Angst ihrer Mutter zu rechnen haben – der Angst, dass ihr Leben, das ohnehin schon kompliziert genug ist, noch zusätzlich erschwert wird. Und diese Angst löst nur allzu leicht Missbilligung, Ärger und Wut aus. Trotz der Liebe, die eine Mutter für ihre Kinder empfinden mag, ist sie dennoch oftmals unfähig, echtes Wohlwollen zu zeigen, sofern sie nicht den Mut aufbringt, den Problemen, die Kinder im Leben verursachen können, ins Auge zu sehen. Aus Mut erwächst Vertrauen, Wohlwollen und Weisheit, und durch Mut gewinnen Sie auch die Gunst Ihrer Kinder.

5. Strenge

Auf dem Schlachtfeld legt eine gute Befehlshaberin strenge Leistungsmaßstäbe für Belohnung und Bestrafung an. Wenn der Maßstab eindeutig festgelegt ist und auf seine strikte Einhaltung gedrungen wird, werden die Menschen ihre Pflichten erfüllen. Andernfalls wird Unzufriedenheit herrschen. Eine gerechte Führungskraft kennt keine persönliche Bevorzugung, sie belohnt nur diejenigen, die es auch wirklich verdient haben. Strenge lassen

Sie nicht nur bei Ihrer Belegschaft walten, sondern auch bei Ihren Vorgesetzten, Geschäftspartnern und sogar bei Ihren Kunden.

Eine Freundin von mir hatte ein kleines Softwareunternehmen, das sich auf kundenspezifische Software spezialisiert hatte. Da das Unternehmen seinen Kunden keine genauen Richtlinien hinsichtlich des Leistungsumfangs vorgegeben hatte, konnten einige wichtige Kunden bereits fertig entwickelte Software mehrmals umarbeiten lassen. Allerdings war damit letztlich niemandem gedient. Am Ende waren die Kunden unzufrieden, und es kam zu einer geschäftlichen Katastrophe, die meine Freundin zur Aufgabe ihrer Firma zwang. Das Softwareunternehmen wäre niemals bankrott gegangen, wenn es seinen Kunden klare Grenzen gesetzt hätte, indem es darauf bestanden hätte, dass sich die Kunden entweder an die Vereinbarungen halten oder für die Änderungen einen Aufpreis zahlen.

Eine gute Mutter befindet sich in einer vergleichbaren Situation. Während sie mit ihren Kindern streng umgeht, geht sie mit sich selbst noch härter ins Gericht. Solange Sie keine Selbstdisziplin haben, können Sie von Ihren Kindern keine Disziplin fordern und erwarten, dass sie hohen moralischen Maßstäben genügen. Auf den ersten Blick scheint Strenge mit Toleranz und Wohlwollen im Widerstreit zu stehen; diese Eigenschaften lassen sich jedoch durchaus miteinander vereinbaren. Wenn Sie zu streng sind und wenn Sie es an Mitgefühl fehlen lassen, so erreichen Sie damit nur, dass Ihr Kind gegen Sie aufbegehrt. Sind Sie dagegen zu wohlwollend, dann ziehen Sie nur ein verzogenes Gör heran, das früher oder später aus dem Ruder laufen wird. Das Geheimnis einer guten Mutter – wie auch einer guten Führungskraft im Beruf – besteht darin, ein Gleichgewicht zwischen gegensätzlichen Kräften herzustellen, zwischen Wohlwollen und Strenge, Weisheit und Unwissenheit, Mut und Angst, Anstrengung und Leichtigkeit.

Wenn es im Lager häufig zu Unruhe kommt,
fehlt es an echter Autorität.
Wenn sich die Banner und Flaggen hin- und herbewegen,
droht eine Meuterei.
Wenn die Offizierinnen leicht erregbar sind,
bedeutet das, dass die Frauen müde sind.
Sun Tsu (9.31)

Eine ausgezeichnete Führungskraft beherrscht ein breites Spektrum an Aufgabenstellungen – von den subtilen Angelegenheiten der Disziplin und dem Verständnis für ihre Mitmenschen bis zu den wichtigen Faktoren der fachlichen Kompetenz und der Einbindung all dieser Aspekte in eine nahtlose Einheit.

Genau das beschreibt die Tätigkeit einer fähigen Führungskraft am Arbeitsplatz. Sie arbeitet Strategien aus, setzt diese in einzelne Aufgaben um, delegiert dann die Arbeit, überwacht deren Ausführung und überprüft am Ende die Ergebnisse. Danach setzt sie alles daran, verbesserungsbedürftige Problembereiche aufzudecken und ihre Strategien entsprechend anzupassen, so dass künftig ein reibungsloserer Ablauf gewährleistet ist.

Und genau das beschreibt auch die Tätigkeit einer guten Mutter zu Hause. Beispielsweise entwirft sie einen Finanzplan für den Ausbildungsfonds ihrer Kinder. Damit erstellt sie einen Gesamtplan für die Zukunft ihrer Familie, den sie dann in kleinere, ausführbare Schritte unterteilt. Vielleicht nimmt sie die Hilfe von Finanzberatern in Anspruch, oder sie sucht im Internet nach geeigneten Finanzierungsplänen. Sie analysiert ihre Anlageergebnisse und passt ihre Strategie entsprechend an; danach arbeitet sie ihren Plan erneut aus. Wenn ihre Tochter oder ihr Sohn schließlich alt genug ist, die Universität zu besuchen, kann sie ihr oder ihm das notwendige Geld zur Verfügung stellen.

Eine gute Führungskraft führt, indem sie die Zügel in die Hand nimmt. Auch wenn Sie am Arbeitsplatz noch nie eine Führungsrolle übernommen haben, sollten Sie damit beginnen, sich selbst als erfahrene Führungskraft zu sehen. Bieten Sie sich als freiwillige Führungskraft für soziale und berufliche Tätigkeiten im beruflichen oder privaten Umfeld an. So können Sie zeigen, welche hervorragenden Führungsqualitäten in Ihnen stecken. Führen Sie mit Weisheit, legen Sie Wert auf ein gutes Vertrauensverhältnis, zeigen Sie Wohlwollen, beweisen Sie Mut, und scheuen Sie sich nicht, Strenge walten zu lassen. Das ist die Vorstellung, die sich Sun Tsu von JIANG machte.

Wer es wirklich ernst meint,
ist bereit, in den Augen der Allgemeinheit
alles oder nichts zu sein,
bekundet jederzeit öffentlich seine Zustimmung
zu unliebsamen Ansichten und deren Befürwortern
und trägt die Konsequenzen.

Susan B. Anthony, Frauenrechtlerin

Ohne Selbsterkenntnis können Sie keine Menschen führen

Wenn Sie sich selbst kennen,
Ihre Gegnerin jedoch nicht,
haben Sie ebenso viel Aussicht auf einen Sieg wie auf eine Niederlage.
Wenn Sie weder sich selbst noch Ihre Gegnerin kennen,
werden Sie jede Schlacht verlieren.

Sun Tsu (3.23)

In dem Maße, wie Sie die Welt kennen, in der Sie leben, kennen Sie auch sich selbst. Eine gute Führungskraft weiß genau, was für ihre Angestellten richtig ist. Eine Verkaufskraft in leitender Position kennt die unausgesprochenen Wünsche ihrer Kundin. Eine verständnisvolle Mutter spürt, wenn mit ihrer Tochter oder ihrem Sohn etwas nicht stimmt. Eine aufmerksame Ehefrau weiß, ob ihr Ehemann einen guten Tag im Büro hatte, auch wenn er kein Wort darüber verliert. Sie können sich nicht immer darauf verlassen, dass andere Ihnen ihre Wünsche mitteilen, da viele Ihnen die Wahrheit nicht sagen können oder sie gar nicht kennen, weil sie keinen Zugang zu ihren Gefühlen haben.

In Matthäus 13,13 spricht Jesus Christus davon, wie wenig wir uns doch selbst kennen: » ... wenn sie sehen, sehen sie nicht, und wenn sie hören, hören sie nicht, noch verstehen sie.« Auch Sokrates, der bedeutendste der alten griechischen Philosophen, lehrte als seinen wichtigsten Grundsatz: »Kenne dich selbst«. Sun Tsu und alle bedeutenden Lehrer vermittelten diese Vorstellung als elementare Grundlage des menschlichen Strebens nach Vollkommenheit.

Überflüssig zu erwähnen, dass es leichter gesagt ist als getan, der Aufforderung »Kenne dich selbst« nachzukommen. Wenn es so einfach wäre, würden alle diese Anweisung befolgen, die den Schlüssel zu unzähligen Siegen birgt.

Vor dem Sun-Tsu-Museum in Sun Tsus Heimatstadt in China befindet sich eine wundervolle Meißelarbeit. In den Stein sind nur acht Buchstaben gemeißelt, die besagen: »Kenne dich selbst, kenne die anderen; hundert Schlachten, hundert Siege.« Sich selbst und Ihre Gegnerinnen zu kennen, darin ist das Wesentliche von Sun Tsus *Die Kunst des Krieges* zusammengefasst. Es ist sicherlich kein Zufall, dass Sun Tsu die Selbsterkenntnis über die Kenntnis Ihrer Gegnerinnen stellt. Wie gut Sie das, was sie bisher in diesem Buch erfahren haben und in den folgenden Kapiteln noch lernen werden, umsetzen können, hängt davon ab, wie gut Sie sich selbst kennen.

Wenn Sie schon in Bezug auf Ihre eigene Person im Dunkeln tappen, wie wollen Sie dann jemals in Erfahrung bringen, was in Ihrem Umfeld geschieht? Solange Sie sich nicht selbst führen können, dürfen Sie gar nicht erst daran denken, andere Menschen zu führen. Und solange Sie sich nicht kennen, können Sie sich nicht selbst führen.

Die folgenden Überlegungen sollen Ihnen helfen, sich selbst besser kennen zu lernen.

Schritte zur Selbsterkenntnis:

1. Sie brauchen einen unbeugsamen Willen zur Selbsterkenntnis

Die meisten Menschen sehen keine Notwendigkeit für eine Selbstüberprüfung, bis etwas Schreckliches geschieht, das sie in einen Zustand tiefster Seelenqualen versetzt. Diese kostspieligen Lektionen sollen dazu dienen, Sie wachzurütteln. Wenn Sie es aufgegeben haben, andere für Ihr Leben verantwortlich zu machen, werden Sie mit etwas Glück erkennen, dass Sie in sich selbst suchen müssen, dass der Schlüssel zu der Erkenntnis, warum alles schief läuft, nur in Ihnen selbst zu finden ist.

Maryann versuchte alles, um abzunehmen und fit zu werden. Sie machte Sport und ernährte sich vernünftig. Nachdem sie ihr Programm drei bis vier Tage konsequent durchgehalten hatte, fing sie an, sich besser zu fühlen. Kaum fühlte sie sich besser, stellte sie ihre sportlichen Betätigungen ein und belohnte sich, indem sie in der Stadt ausging und sich mit Essen voll stopfte. Sie beteuerte weiterhin, dass sie ein besseres Leben führen wolle, während sie in Wirklichkeit eine Trostquelle gefunden hatte, die im »Unbehagen« lag.

Die Energie, die sie aus ihrem Wohlgefühl schöpfte, führte schließlich dazu, dass sie sich unwohl fühlte. Indem sie sich schlecht fühlte, fühlte sie sich gut. Maryann muss den echten Willen aufbringen, sich gesund und fit zu fühlen. Nur ein Lippenbekenntnis abzulegen wird ihr sicherlich nicht weiterhelfen. Solange sie sich auf gewohnte Weise damit trösten kann, sich schlecht zu fühlen, wird sie sich wundern, warum sie ihre Ziele niemals erreicht. Sie wird niemals den starken Willen aufbringen, das versteckte Spiel, das sie mit sich selbst treibt, auch nur zu durchschauen, solange sie sich noch nicht so schlecht fühlt, dass sie ihren Zustand nicht mehr ertragen kann.

2. Seien Sie Ihre eigene Psychiaterin

Um sich selbst besser kennen lernen zu dürfen, zahlen viele Menschen Milliarden Euro an Psychologinnen und Psychologen. Wenn eine Frau nicht die Zeit oder das Geld aufbringen kann, die Couch einer Psychoanalytikerin durchzuliegen, kann sie sich auch selbst »auf die Schliche kommen«. Schließlich bezahlen Sie eine Psychoanalytikerin dafür, dass sie Sie dazu bringt, das Geheimnis Ihrer Person zu lüften.

Erst als Maryann damit begonnen hatte, sich selbst zu erkunden, stellte sie fest, dass ihr Verhalten einem bestimmten Muster folgte. Dass Maryann ihre Tanzstunde ausfallen lassen musste, lag nicht an Joe, der sie zum Abendessen eingeladen hatte, und auch nicht an Abby, die mit ihr ins Kino gehen wollte, sondern nur an ihr selbst. Der Hauptgrund für Maryanns Selbstsabotage war ihr Verhaltensmuster, sich wohl dabei zu fühlen, wenn es ihr schlecht ging.

Wer im Verkauf tätig ist, sollte wissen, dass es gute und schlechte Tage gibt. An manchen Tagen scheinen Sie einen »fliegenden Teppich« zu haben, und alles, was Sie anfassen, wird zu Gold. An anderen Tagen wiederum können Sie nicht die richtigen Worte finden und nichts richtig machen. Versuchen Sie herauszufinden, warum Ihnen an manchen Tagen alles leicht von der Hand geht, an anderen Tagen jedoch nichts gelingen will. Da sich die meisten Menschen über ihre Beweggründe nicht im Klaren sind, können sie ihre guten Tage auch nicht gezielt wiederholen.

Wenn Sie im Vertrieb arbeiten, stellen Sie bei Ihrer Selbstanalyse wahrscheinlich Folgendes fest: Wenn Sie zu sehr darauf bedacht sind, ein Geschäft abzuschließen, legen Sie sich bei Ihrer Verkaufspräsentation vielleicht zu sehr ins Zeug. Bei Ihrer nächsten Präsentation sagen Sie sich, dass Sie diesen Verkauf nicht um alles in der Welt tätigen müssen. Sie wollen Ihrer möglichen Kundin lediglich aufzeigen, ob Ihr Produkt das Richtige für sie ist. Seien Sie nicht übereifrig. Wenn Sie sich dagegen zu zurückhaltend gezeigt und auf Ihre Kundin sogar ermüdend gewirkt haben, sollten Sie beim nächsten Mal bestimmter auftreten. Mit der Zeit finden Sie schon heraus, welche Haltung Sie bei Ihren Verkaufsgesprächen einnehmen sollten.

Als Ihre eigene Psychoanalytikerin fällt Ihnen auf, dass Sie sich von bestimmten Menschen oder einem bestimmten Tonfall einschüchtern lassen. Wenn Ihnen dies beim nächsten Mal widerfährt, achten Sie darauf, wie sich dieses Gefühl der Einschüchterung auf Sie auswirkt. Wenn Sie erneut dieses Gefühl haben, halten Sie inne, bevor Sie unweigerlich mit Worten oder Taten reagieren, die Sie später bereuen könnten.
Errichten Sie stattdessen ein Stoppschild in Ihrem Gehirn. Holen Sie tief Luft, strecken Sie den Hals, dehnen Sie die Brust, entspannen Sie sich, und machen Sie sich körperlich und geistig größer. Danach können Sie entscheiden, ob Sie dem Angreifer ei-

ne Antwort geben oder nur ruhig bleiben und die Kraft Ihrer offenen Körperhaltung und Ihren ruhigen Atem spüren wollen.

Wenn Sie Ihren eigenen Interessen ständig zuwiderhandeln, müssen Sie unbedingt herausfinden, warum Sie sich den für Sie negativen Einflüssen nicht widersetzen. Wem wollten Sie es recht machen? Welche möglichen seelischen Ursachen oder Ereignisse in der Vergangenheit lassen sich mit diesem Verhaltensmuster in Verbindung bringen? Wenn man Ihnen als Kind beigebracht hat, niemanden zu enttäuschen, so vernachlässigen Sie als Erwachsene womöglich Ihre eigenen Belange, indem Sie sich von anderen gängeln lassen.

Während Sie äußerlich aktiv sind, müssen Sie stets ein wachsames Auge auf sich haben. Wenn Sie sich lange genug beobachtet haben, wird sich Ihre geheime, verborgene Natur offenbaren. Es ist Ihnen sicherlich eine Hilfe, Ihre Einsichten mit einem Stift zu Papier zu bringen. Machen Sie Notizen oder sogar Zeichnungen, die Ihre Erlebnisse beschreiben. Nehmen Sie die Informationen nicht mit dem Verstand auf, sondern bringen Sie diese nur zu Papier, damit Sie erkennen können, wie Ihre Gedanken Ihr Verhalten hervorrufen.

3. Denken Sie gründlich nach, bevor Sie reden

Möglicherweise bewegen sich Ihre Gedanken wie auf einer Schnellstraße vom Gehirn zum Mund. Wenn es auf dieser Straße keine Stoppschilder gibt, dann sollten Sie auf jeden Fall einige aufstellen. Überprüfen Sie stets Ihre Gedanken, bevor Sie sich zu Äußerungen hinreißen lassen. Es kann einige Zeit dauern, bis Sie es sich abgewöhnt haben, automatisch zu antworten. Wenn Sie jedoch Ihr neues Verhaltensmuster beständig einüben, werden Sie diese Gewohnheit mit der Zeit ablegen.

4. Sehen Sie sich mit den Augen einer anderen Person

Oftmals kennen uns andere besser als wir uns selbst. Daher sollten Sie nach Menschen Ausschau halten, die Sie sehr gut kennen und Ihr Interesse im Sinn haben. Fragen Sie diese Menschen, wie sie Sie wahrnehmen. Eines sollten Sie jedoch bedenken, wenn andere Ihnen als Spiegel dienen sollen: Ein Zerrspiegel kann Ihnen immer nur ein unzuverlässiges Spiegelbild geben.

Denise saß im Vorstand eines der größten US-Unternehmen. Als sie sich von ihrem ersten Ehemann Roger, ebenfalls Vorstandsmitglied, scheiden ließ, führte sie das Misslingen ihrer Ehe darauf zurück, dass sie abends nicht zu einem anderen Vorstandsmitglied nach Hause kommen und mit ihm die ganze Nacht über Geschäfte reden wollte. John, ihr zweiter Ehemann, war Dichter. Den Bruch dieser Ehe begründete sie damit, dass sie nicht jeden Abend zu Hause verbringen und ihre Beziehung mit John pflegen wollte, wie er es sich gewünscht hätte. Schließlich musste sie häufig noch zu später Stunde im Büro arbeiten.

Denise wollte also weder mit einer anderen Führungskraft noch mit einem Hausmann verheiratet sein. Sie mag wohl wissen, wie sie für sich und ihr Unternehmen Millionen scheffeln kann, wenn es jedoch um die Wahl eines Lebensgefährten geht, ist sie vollkommen unbedarft. Nach zwei Scheidungen dämmert es Denise allmählich, dass ihr nicht im Geringsten klar ist, was sie sich von einem Ehemann erhofft oder ob sie überhaupt einen haben will. Als ihr ihre Freundin Ingrid ihr Verhalten vor Augen führte, meinte Denise: »Ich kann es gar nicht fassen! Ich habe den Wald vor lauter Bäumen nicht gesehen. Bin ich so klug, dass ich mich selbst im Ungewissen lasse, oder bin ich nur zu verbohrt, um mich selbst zu erkennen?« Es ist gut, eine Freundin zu haben, die Sie unterstützt und Ihnen als Spiegel dient, in dem Sie sich sehen können.

5. Versenken Sie sich in sich selbst

Tief in Ihrem Innersten können Sie sich deutlich erkennen, Sie müssen nur aufmerksam genug in sich hineinhorchen. Über diese ursprüngliche Selbsterkenntnis verfügt jeder Mensch. Wenn Sie dieses innere Wissen täglich erforschen und anwenden, kann es Ihnen im Geschäftsleben äußerst dienlich sein.

Wenn Sie versuchen, sich selbst zu verstehen, indem Sie ausschließlich Ihre konkreten Handlungen beobachten, sehen Sie nur einen Teil der Wahrheit. Sie werden ein weitaus besseres Ergebnis erzielen, wenn Sie Ihre Beobachtungen mit Ihren inneren Einsichten verbinden.

Eines Tages verbrachte ich mit meinem Ehemann einen Urlaub in Florida. Ganz unvermittelt wurde ich wütend auf meinen Mann, nur weil er Cayennepfeffer über die Pizza gestreut hatte. Ich schäumte dermaßen vor Wut, dass ich das Restaurant verließ. Die ganze Zeit über war mir klar, dass es mir nicht um das Essen ging, da ich noch nicht einmal hungrig war. Daher musste ich herausfinden, was mich eigentlich in Rage gebracht hatte. Ich legte mich also auf eine Bank in den Parkanlagen, betrachtete den winterlichen Sternenhimmel und dachte nach. Eine Stunde später kannte ich die Antwort.

Ich hatte ein geschäftliches Projekt vorbereitet, zu dem mir alle Menschen in meinem näheren Umfeld geraten hatten. Auch ich war zu der Überzeugung gekommen, dass ich an diesem Vorhaben teilnehmen sollte. Mein Verstand sagte mir, dass ich diesen Weg verfolgen sollte. Während ich auf dieser Bank lag und in den nächtlichen Himmel blickte, wurde mir ganz plötzlich – ohne äußeren Anlass – klar, woher mein Ärger rührte: Tief in meinem Inneren wusste ich, dass ich dieses Projekt besser nicht beginnen sollte. Es war einfach nicht das Richtige für mich. Sowohl das Drängen meiner Mitmenschen als auch mein Bestreben, zu sehen, was ich sehen wollte – statt zu sehen, was sich mir darbot –, hatten mich dazu verleitet, zu übersehen, dass das Projekt nicht machbar war. Als ich mich meiner inneren Führung überließ, verrauchte mein Zorn. In mir blieben nur Frieden und Gewissheit zurück.

Versuchen Sie, Ihre Handlungen mithilfe Ihrer inneren Einsicht zu betrachten. Ihre innere Einsicht vermittelt Ihnen nicht nur einen Einblick in sich selbst, sondern auch die Weisheit, Dinge zu wissen, von denen Sie noch nicht einmal wussten, dass Sie sie wissen. Darüber habe ich ganze Kapitel in meinen anderen Büchern über Meditationstechnik geschrieben. Meditation ist der schnellste Weg, tief in Ihr Innerstes zu gelangen, wo Frieden, Selbsterkenntnis und Intuition begründet sind.

6. Probieren geht über Studieren

Vor kurzem sah ich fern und schaltete zwischen den einzelnen Kanälen hin und her. Zufällig stieß ich auf einen spanischen Film mit einer üppigen Frau, die wie eine Billigausgabe der Schauspielerin Sharon Stone aussah. Ich wechselte den Kanal und zappte mich durch die Programme. Eine Stunde später schaltete ich erneut um. Inzwischen war der spanische Film zu Ende und der Nachspann wurde gezeigt. Da stand es – auf dem Bildschirm war eindeutig der Name Sharon Stone zu lesen. Ich konnte es einfach nicht glauben. Ich ging zu einer Videothek und lieh mir den Film *Sangre Y Arena* aus.

Dieser Film wurde während der Übergangszeit gedreht, in der sich die Schauspielerin von dem billigen Abklatsch einer Sharon Stone in die echte Sharon Stone, wie wir sie alle aus dem Film *Basic Instinct* kennen, verwandelte. Jahrzehntelang hatte sich Sharon abgemüht herauszufinden, wer sie wirklich war. Als sie sich schließlich selbst gefunden hatte, wurde sie von der ganzen Welt entdeckt.

Selbsterkenntnis ist eine Lebensaufgabe, dennoch dürfen Sie sie nicht vernachlässigen. Denn in dem Maße, wie Sie die Welt kennen, in der Sie leben, kennen Sie auch sich selbst. Probieren geht über Studieren, das sollten Sie auf dem Weg zu Ihrer Selbstfindung beherzigen. Allerdings wird Ihnen das Probieren allein nichts einbringen, solange Sie die Ursache Ihrer Fehler nicht entdecken und aus ihnen lernen.

Daher der Ausspruch:
Wenn Sie sich selbst und Ihre Gegnerin kennen,
ist Ihnen der Sieg sicher.
Wenn Sie Himmel und Erde kennen,
wird Ihr Sieg vollkommen sein.
Sun Tsu (10.26)

Während Sie bemüht sind, sich selbst zu entdecken und zu vervollkommnen, unterscheiden Sie sich in den Augen Ihrer Umwelt in keiner Weise von allen anderen. Nur Sie allein wissen, dass Sie sich von den anderen unterscheiden, die nur ziellos umherirren. Sie sind auf dem Weg unaufhaltsamer Selbsterkenntnis und persönlicher Vervollkommnung. Sie üben Ihre Macht aus und erweitern sie, so dass Sie vielleicht eines Tages eine außergewöhnliche Führungskraft, eine wahre JIANG, sein werden.

> Wir leben immer noch in einer Welt,
> in der ein Großteil der Menschen,
> einschließlich der Frauen,
> glaubt, dass eine Frau nur ins Haus
> gehört und gehören will.
>
> *Rosalyn Sussman*,
> Medizinphysikerin und
> Nobelpreisträgerin

Erkennen Sie Ihre Mitmenschen

*Die Geistesgegenwart einer Befehlshaberin
kann durch die Beeinflussung ihrer Feindinnen
beeinträchtigt werden.*
Sun Tsu (7.24)

Menschen kommen nicht voran, weil sie an Weisheit gewinnen, sondern weil sie lernen, ihren wahren Charakter zu verbergen. Daher wird es zunehmend schwerer, den wahren Charakter eines Menschen zu erkennen. Dennoch muss eine fähige Führungskraft über eine gute Menschenkenntnis verfügen. Manche Menschen zeigen sich am Arbeitsplatz äußerst freundlich und zuvorkommend, während sie zu Hause die Ehefrau oder den Ehemann sehr schlecht behandeln. Manche Leute erweisen sich als mutig und kämpferisch, reagieren jedoch in Krisenzeiten vollkommen kopflos. Manche geben sich nach außen hin äußerst liebenswürdig und rücksichtsvoll, sind aber in Wahrheit hinterhältig und gerissen. Andere wiederum wirken sehr qualifiziert, bleiben dann allerdings die entsprechenden Ergebnisse schuldig.

Ich habe eine Reihe von Strategien über die Kunst des Krieges zusammengestellt, die Ihnen das Verständnis des Charakters Ihrer Vorgesetzten, Kundinnen, Konkurrentinnen und Angestellten erleichtern.

Wie Sie ein guter Menschenkenner werden

Diskutieren Sie mit ihr/ihm, so dass sie/er ihren/seinen wahren Charakter und ihre/seine Lebenseinstellung offenbart.

Eines Tages bat mich ein australischer Leser, ihn in Australien zu besuchen, um dort seinen Schulungskurs zu prüfen. Er unterbreitete mir seine Absicht, mit mir ein Gemeinschaftsunternehmen aufzubauen. Obwohl ich mir über das geschäftliche Angebot, das er mir vorgeschlagen hatte, noch nicht im Klaren war, dachte ich mir dennoch, dass es nicht schaden könne, sein Angebot zu prüfen. Darüber hinaus gefiel mir die Vorstellung, einen kalten amerikanischen Wintermonat in der australischen Sommersonne zu verbringen. Also kaufte ich zwei Flugscheine mit dem Gedanken, dass ich – auch wenn mir sein Kurs nicht zusagen würde – immer noch einen herrlichen Urlaub mit meinem Ehemann verbringen könnte.

Am ersten Tag des Kurses stellte ich sowohl an seinem Unterricht als auch an seinem Charakter zahlreiche Mängel fest. Dieser Mann ließ deutlich durchblicken, dass er sich für wichtiger hielt als Christus, Buddha und Mahatma Gandhi. Zudem hatte er seine Schüler und seine wenigen Anhänger zu einem roboterartigen Gehorsam erzogen, obwohl diese es nicht so gesehen haben. In meinen Augen setzte er verbale Gewalt als Kontrollmittel ein.

Im Verlauf seines Kurses debattierte ich mit ihm. Er begann, die von mir angeschnittenen Themen zu meiden und wurde wütend und äußerst ungeduldig, wenn es jemand (ich) wagte, ihn in Frage zu stellen. Nun zeigte er mir sein wahres Gesicht. Obwohl er behauptete zu wissen, wie man eine für Menschen vollkommene Umgebung schafft, war er nichts anderes als ein selbstgerechter, engstirniger und geltungsbedürftiger Heuchler, sobald jemand die Stirn hatte, mit ihm zu diskutieren. Am nächsten Tag verließ ich den Kurs, obwohl ursprünglich drei Wochen geplant waren, und verbrachte mit meinem Mann einen wunderbaren Urlaub in Australien.

Fordern Sie Ihr Gegenüber mit Worten heraus, um die Veränderungen zu beobachten, die in ihm vorgehen.

Aber gehen Sie dabei behutsam vor. Wenn es sich bei Ihrem Gegenüber um Ihre Vorgesetzte oder Kundin handelt, möchten Sie sicherlich nicht ihren Hass auf sich ziehen, indem Sie ihr Ego verletzen.

Sprechen Sie mit ihr über betriebliche Strategien, um herauszufinden, wie viel sie von ihrer Arbeit versteht.

Wenn sie von ihrem Aufgabenbereich keine Ahnung hat, wird Ihre Abteilung möglicherweise aufgrund eines zu niedrigen Leistungsniveaus aufgelöst oder verkleinert werden. Es ist besser, wenn Sie dies im Voraus wissen, denn dann können Sie sich rechtzeitig nach einer Arbeit in einer anderen Abteilung oder Firma umsehen.

Stellen Sie ihren Mut auf die Probe, indem Sie sie über künftige Schwierigkeiten und Herausforderungen informieren.

Wenn sie mit dem Druck nicht umgehen kann, sollten Sie dies besser zu früh als zu spät erfahren.

Trinken und feiern Sie mit ihr (sofern Sie Alkohol trinken), und beobachten Sie ihre wahre Natur, die sich erst zeigt, wenn sie nicht mehr auf der Hut ist.

Sie werden feststellen, dass manche Menschen äußerst reserviert sind, aber nach einigen Gläsern Alkohol sehr ausgelassen und humorvoll sein können, während andere nach Alkoholgenuss hinterhältig und ausfallend werden.

Betrauen Sie sie/ihn mit einer Aufgabe, die den Umgang mit Geld erfordert.

Jenny hatte einen Assistenten, den sie bereits in seiner ersten Arbeitswoche entlassen wollte, da er sich als Langfinger herausgestellt hatte. Da er aber aufrichtig bereute und ihr versicherte, dass alles nur ein großer Irrtum sei, vergab sie ihm. Es wäre ratsamer gewesen, wenn sie ihm zwar verziehen, aber dennoch gekündigt hätte. Stattdessen beschäftigte sie ihn für weitere zweieinhalb Jahre, in denen er großen Schaden anrichtete.

Übertragen Sie ihr Aufgaben, und prüfen Sie sodann ihre Kompetenz und Tüchtigkeit.

Menschen sind ja so schlau – statt zu arbeiten, erlernen viele die Kunst, Lippenbekenntnisse abzulegen.

Achten Sie darauf, mit wem sie sich anfreundet, wenn sie eine schwierige Zeit durchmacht.

Wenn alles im Leben schief läuft, greifen wir gerne auf Dinge zurück, die uns vertraut sind, ebenso auf Menschen, mit denen wir uns am wohlsten fühlen.

Achten Sie darauf, wen sie unterstützt, wenn sie eine Zeit des Wohlstands erlebt.

Bedenkt sie andere in Zeiten des Wohlstands, um öffentlich Lorbeeren zu ernten, oder lässt sie anderen aus reiner Herzensgüte etwas zukommen?

Achten Sie darauf, welche Leute sie in der Zeit einstellt, in der sie eine hohe Position innehat.

Stellt sie fähige Mitarbeiterinnen und Mitarbeiter ein oder Leute mit Beziehungen, die ihre persönlichen Interessen fördern können?

Handelt sie in Krisenzeiten nach moralischen Grundsätzen?

Ist sie in Zeiten der Armut bestechlich?

Beobachten Sie ihre Standhaftigkeit bei sinnlichen Verlockungen.

Manche Menschen sind im Büro vollkommen geistesabwesend, sobald sie eine Beziehung eingegangen sind.

Gute Führungskräfte sind nicht:

- gierig.
- neidisch auf die Fähigkeit und Tüchtigkeit anderer Leute.
- leicht durch das Gerede, die Meinungen und die Lobhudeleien anderer zu beeinflussen.
- ausschließlich darauf bedacht, andere zu verstehen, ohne sich selbst auch nur im Geringsten zu kennen.
- unentschlossen.
- Sklavinnen/Sklaven ihrer sinnlichen Begierden.
- feindselig und feige.
- aalglatt, hinterlistig und unehrlich. Sie lassen es nicht bei reinen Lippenbekenntnissen bewenden. (Die Lippenbekenntnisse können allerdings so überzeugend sein, dass Sie selbst auch darauf hereinfallen.)
- inkompetent und dennoch eingebildet.
- geneigt, übereilt zu handeln.
- träge und faul.
- mutlos.
- zu schwach, um – trotz ihrer Kompetenz – ihre Vorstellungen in die Tat umzusetzen.
- grausam.
- ohne Ausstrahlungskraft.
- nachlässig, was wohltätige Werke zugunsten der Bedürftigen anbelangt.
- unfähig, künftige Ergebnisse vorauszuplanen.
- unfähig, das Durchsickern streng vertraulicher Informationen zu verhindern.
- unfähig, verdienstvolle Personen für eine angemessene Beförderung vorzuschlagen.
- unfähig, für ihre Misserfolge die volle Verantwortung zu übernehmen.

Hervorragende Führungskräfte können:

- die Situation ihrer Gegnerinnen und Gegner erfassen.
- erkennen, welche Methoden sich für ihr Vorwärtskommen eignen – und welche nicht.
- die Grenzen ihrer Mittel wahrnehmen.
- den richtigen Zeitpunkt zum Handeln erkennen.
- die natürlichen Gegebenheiten (geografischen Elemente) und die Vor- und Nachteile, die eine Situation bietet, erkennen.
- bei der strategischen Planung ihren Einfallsreichtum beweisen und ihre Konkurrenz vollkommen überraschen.
- ihre Pläne geheim halten.
- für eine harmonische Zusammenarbeit ihrer Angestellten sorgen.
- für ihre Belegschaft gemeinsame Ziele schaffen.
- andere motivieren.
- Einfühlungsvermögen gegenüber ihren Beschäftigten zeigen.
- allen gegenüber aufgeschlossen sein.
- bei der Erfüllung ihrer Pflichten Sorgfalt walten lassen.

Fünf Wege, Ihre Angestellten zu motivieren:

- Stellen Sie außerordentliche qualifizierte Leute ein, die Sie mit begehrten Titeln und großzügigen Gehältern ködern.
- Behandeln Sie Ihre Angestellten mit Achtung und setzen Sie Vertrauen in ihre Fähigkeiten.
- Stellen Sie klare Richtlinien hinsichtlich der Leistungen auf, die Sie von Ihren Beschäftigten erwarten. Loben und kritisieren Sie sie entsprechend.
- Inspirieren Sie Ihre Belegschaft, indem sie Leistungsmaßstäbe vorgeben.
- Beachten Sie all die »kleinen Dinge«, die Ihre Angestellten richtig gemacht haben, und erkennen Sie sie dafür an. Würdigen

sie ihre herausragenden Leistungen mit Prämien oder Beförderungen.

Diese Strategien wurden vor Tausenden von Jahren verfasst, haben jedoch bis zum heutigen Tag nichts von ihrer Gültigkeit verloren.

Ungeeignete Vorgesetzte können sich auf Ihre Karriereziele ebenso ungünstig auswirken wie untaugliche Angestellte. Je eher Sie das herausfinden, desto besser für Sie, denn dadurch ersparen Sie sich große finanzielle Verluste und seelische Belastungen. Wie wertvoll diese fünf Motivationsmethoden sein können, wenn sie richtig angewandt werden, wird in manchen Fällen erst dann klar, wenn schon ein Schaden entstanden ist.

Eine flexible Führungskraft (JIANG) liest dieses Kapitel nicht nur, sondern beherzigt die darin dargelegten Grundsätze auch und wendet sie auf ihre Vorgesetzten, Beschäftigten, Kundinnen und Kunden an. Denn Menschenkenntnis gehört zu den grundlegenden Fähigkeiten einer energischen Führungskraft, einer erfahrenen JIANG.

V. Fa – Management

*Ein planvolles und wirksames Vorgehen
ist ein Zeichen Ihrer Fähigkeit,
Menschen zu führen und Angelegenheiten zu regeln.
Das Ergebnis ist die optimale Nutzung all Ihrer
Ihnen zur Verfügung stehenden Mittel.*

Sun Tsu (1.7)

Bezweifeln Sie nie, dass eine kleine Gruppe aufmerksamer, engagierter Bürgerinnen und Bürger die Welt verändern kann. Tatsächlich gibt es keine Veränderung, die nicht auf diese Art entstanden ist.

Margaret Mead, Ethnologin

Sorgen Sie für stete Einnahmen

Wer in der Kriegsführung erfahren ist, ...
verlässt sich nicht auf Nahrungsmittelvorräte, die
aus der fernen Heimat herbeigeschafft werden und
länger als drei Tage unterwegs sind.
Sun Tsu (2.6)

Die Gleichstellung im Beruf kann niemals allein dadurch erreicht werden, dass man sie aus dem Blickwinkel der Gleichberechtigung zwischen Mann und Frau fordert: »Ich bin eine Frau, also verdiene ich die gleiche Behandlung wie ein Mann.« Für ein Unternehmen ist einfach kein Argument überzeugender als der Gewinn, den Sie für die Firma einfahren. Ob Mann oder Frau, wer für den Betrieb Profit macht, wird hoch geschätzt und königlich behandelt werden. In diesem Abschnitt lehrt Sun Tsu eine ergebnisorientierte und kostenwirksame Strategie über die Verpflegung Ihrer Kampftruppen auf dem Schlachtfeld, die maximalen Gewinn bei minimalem Arbeitseinsatz verspricht. Welche Position Sie auch innehaben, von einer der im Folgenden erläuterten Strategien werden Sie sich sicherlich unmittelbar angesprochen fühlen.

Sorgen Sie für stete Einnahmen für sich und Ihr Unternehmen durch:

1. Anwendung der »Leben-Sie-von-Ihrer-Beute«-Methode

Die militärische Ausrüstung wird
vom Heimatland zur Verfügung gestellt,
für die Versorgung der Truppen werden jedoch
die Vorratshäuser der Feindin geplündert.
Wenn der Proviant für die Truppen
über eine gewisse Entfernung befördert werden muss,
so leert das die Staatskasse.
Das wird das Volk ins Elend stürzen.
Sun Tsu (2.7)

Die »Leben-Sie-von-Ihrer-Beute«-Methode ist der geheime Schlüssel zur Durchführung jedes unternehmerischen oder geschäftlichen Projekts. In die heutige moderne Marketing- und Vertriebssprache übersetzt würde diese Methode lauten: Bringen Sie Ergebnisse.

Das Unternehmen, bei dem Sie beschäftigt sind, sollte Ihnen alle erforderlichen Mittel an die Hand geben und alle notwendigen Schulungen zuteil werden lassen, damit Sie den Kampf um Marktanteile gewinnen können.

Wie eine Löwin müssen Sie rasch Ihre Beutetiere einbringen, so dass Sie sich und die anderen Angestellten des Unternehmens davon ernähren können. Andernfalls zehren sowohl Sie als auch andere unproduktive Beschäftigte von den Unternehmensressourcen, und damit bringen Sie die Eigentümer und Investoren des Unternehmens in eine finanzielle Misere. Solange Sie dies nicht vergessen, werden Sie für alle von unschätzbarem Wert sein, wohin Sie auch gehen und was Sie auch tun. Sie werden sich Ihr Leben lang von dem offenen Weideland der Geschäftswelt, dem firmeneigenen Serengeti-Nationalpark, bestens ernähren können.

2. Belohnung für herausragende Leistungen

Spornen Sie Ihre Truppen dazu an,
die Vorräte der Feindin zu plündern,
indem Sie sie belohnen.
Beim Kampf der Wagenlenker
sollten diejenigen ausgezeichnet und reichlich belohnt werden,
die die ersten zehn feindlichen Wagen erbeuten,
denn das steigert die Kampfmoral.
Sun Tsu (2.14)

Als Managerin sollten Sie ihre Vertriebsleute motivieren, hohe Gewinne für Ihr Unternehmen zu erzielen, indem Sie sie großzügig entlohnen. Besonders herausragende Mitarbeiterinnen und Mitarbeiter, die einen großen Beitrag zum finanziellen Wohlergehen der Firma leisten, sollte das Unternehmen – abgesehen von finanziellen Belohnungen und Prämien – mit Beförderungen und Auszeichnungen würdigen.

Michelle arbeitete in der Pariser Filiale eines internationalen Unternehmens. Sie war eine kreative, energische und hart arbeitende Kraft, genau die Art Angestellte, deren sich jede Firma gerne rühmen würde. Sie hatte einige große internationale Geschäfte abgeschlossen und für ihr Unternehmen 20 Millionen Dollar hereingeholt. Für ihre herausragende Leistung erhielt sie eine Prämie von 2 000 Dollar. Sie verließ das Unternehmen. Inzwischen hat Michelle ihre eigene Firma aufgebaut, und im letzten Jahr konnte sie einen Umsatz in Höhe von 100 Millionen Dollar verzeichnen. Wenn Sie Ihre leistungsstärksten Angestellten nicht gebührend honorieren, werden Sie sich am Ende noch Ihre eigene Konkurrenz schaffen. Folglich sollten Sie diejenigen, die für Sie Gewinne erzielen, reichlich entlohnen, denn dadurch sichern Sie Ihren eigenen wirtschaftlichen Fortbestand.

3. Schnelle Abschlüsse

Das wichtigste Element bei
der Kriegsführung
ist das Streben nach einem schnellen Sieg und
das Vermeiden eines langwierigen Feldzuges.
Sun Tsu (2.15)

Alle Unternehmensziele sind darauf ausgerichtet, innerhalb einer möglichst kurzen Zeit Geld hereinzuholen und Geschäfte zum Abschluss zu bringen. Helen war äußerst fähig, wenn es darum ging, neue geschäftliche Kontakte herzustellen und ein Kommunikationsnetzwerk aufrechtzuerhalten, das von Tokio bis

London reichte. Dann aber stellte Terry, ihre Vorgesetzte, fest, dass Helen jeweils kurz vor Vertragsabschluss den Vertrag wochenlang auf dem Schreibtisch herumliegen ließ und manchmal sogar vergaß, während sie eifrig darum bemüht war, neue Kontakte zu knüpfen.

Schließlich sah sich Terry gezwungen, Helen mit ihrem Verhalten zu konfrontieren. Jedes Mal, wenn Helen neuen Geschäftsverbindungen nachging, kostete es das Unternehmen Geld für die Auslandstelefonate und -faxe, von der nötigen Zeit und Arbeit ganz zu schweigen. Und dennoch vernachlässigte Helen die Verträge, die sich bereits vor ihr auf dem Schreibtisch türmten.

In Helens Branche vergehen sechs bis zwölf Monate zwischen der Kontaktaufnahme mit einem potenziellen Kunden und dem Vertragsabschluss. Terry wies Helen darauf hin, dass sie möglicherweise eine innerliche Blockade habe, die sie davon abhalte, Gewinn bringende Geschäfte zum Abschluss zu bringen. Daraufhin wurde Helen bewusst, dass sie das Gefühl fortwährender Kriegsführung mehr genoss als Schlachten zu gewinnen und dadurch Profite zu erzielen. Nachdem ihr dies klar geworden war, entwickelte sie sich zu einer Spitzenkraft in ihrer Branche.

Dieses Prinzip gilt auch für Heiratsanträge. Wenn Sie mit Ihrem Märchenprinzen schon seit Ewigkeiten ausgehen, er jedoch keinerlei Anstalten macht, Sie um Ihre Hand zu bitten, so müssen Sie die Sache ebenso vorantreiben, wie Sie jede geschäftliche Transaktion ankurbeln würden. Zunächst gilt es, die Gründe herauszufinden, die bislang den Abschluss des Geschäfts verhindert haben.

Es gibt zahlreiche Gründe, die einen Mann davon abhalten können, einer Frau einen Heiratsantrag zu machen:
1) Er könnte ein eingeschworener Junggeselle oder ein geschiedener Mann sein. 2) Vielleicht fragt er sich, warum er die Kuh kaufen sollte, wenn er die Milch auch umsonst bekommen kann.

3) Er möchte zwar heiraten – aber nicht Sie. Wenn Sie keine Aussicht haben, den Handel unter Dach und Fach zu bringen, sollten Sie den Mann verlassen. Zögern Sie nicht, es sei denn, Sie wollen ihn als frei verfügbaren Zuchthengst nutzen.

Ob es sich nun um ein Geschäft oder um eine Beziehung handelt, auf jeden Fall sollten Sie die Transaktion zum Abschluss bringen oder – wenn dies nicht machbar ist – aufgeben. Denn während Sie sich mit Geschäften befassen, die Sie niemals abschließen können, versagen Sie sich selbst die Chance, andere Möglichkeiten ins Auge zu fassen. Entweder Sie machen das Geschäft, oder Sie verzichten darauf. Sie können dann, wie auch immer die Sache ausgeht, zum nächsten Projekt übergehen und dafür sorgen, dass der Rubel rollt.

4. Die eigene Person als erstes Verkaufsprodukt

Siegen wird die,
deren Herrscherin sich nicht
in ihren Feldzug einmischt.
Sun Tsu (3.20)

Es gibt nur einen Weg sicherzustellen, dass Ihre Herrscherin (Vorgesetzte) Ihnen bei Ihrer Kriegsführung freie Hand lässt: Sie haben sich erfolgreich als qualifizierte Führungskraft und Geschäftsführerin verkauft. Sollten Sie es jedoch versäumt haben, sich richtig zu verkaufen und ihr Vertrauen zu gewinnen, kann Ihre Vorgesetzte nicht umhin, sich einzumischen.

Welche Position Sie im Leben auch einnehmen, Sie werden stets Ihr erstes Verkaufsprodukt sein. Solange Sie sich nicht selbst gut verkaufen, besteht keinerlei Aussicht, dass Sie jemals irgendein Produkt, sei es eine Ware oder eine Dienstleistung, verkaufen werden. Tatsächlich dürfte es Ihnen wesentlich leichter fallen, Ihre eigene Person zu verkaufen als Ihre Produkte abzusetzen, da Sie im Allgemeinen nicht selbst darüber zu bestimmen haben, welche Waren Sie vertreiben.

Das Produkt entsteht oftmals aus einer Idee mehrerer Leute, die Sie nicht kennen, Sie hingegen sind die unmittelbare Folge Ihres eigenen Handelns. Ihre Eltern haben Ihnen die wesentlichen Voraussetzungen für Ihr Menschsein mitgegeben, und Sie haben dann daraus das gemacht, was Sie heute sind. Solange Sie mit sich selbst im Reinen sind, werden Sie leicht reißenden Absatz finden.

Wie Sie sich selbst darstellen, wird sich in jeder Hinsicht auf Ihr Leben auswirken. Es wird darüber entscheiden, ob Sie eine Arbeitsstelle bekommen, einen Verkauf tätigen, die Beziehung zu Ihrem Ehemann aufrechterhalten und die Achtung und Liebe Ihrer Kinder erlangen.

Wenn Sie sich nicht hinlänglich bemüht haben, sich körperlich und geistig weiterzuentwickeln, indem Sie die richtigen Dinge tun und die richtigen Gedanken hegen, so wird sich das nach außen hin zeigen. Dann dürfte es schwer für Sie werden, sich zu verkaufen, und sogar noch schwerer, Ihr Produkt zu vertreiben. Denn Menschen machen nun einmal gerne Geschäfte mit Menschen, die ihnen sympathisch sind.

Machen Sie sich selbst unentbehrlich, indem Sie eine Beute einbringen, von der Sie sich selbst und andere ernähren können. Wer sollte Sie wohl am Arbeitsplatz oder auch anderswo benachteiligen wollen, wenn sein oder ihr Überleben ohne Sie gefährdet ist? Dies ist die kreative Art, den Grundsatz von FA zu verwirklichen; Sie erhalten sich selbst durch Ihre Fähigkeit, für stete Einnahmen für sich und Ihr Unternehmen zu sorgen.

Hoch oben am Horizont
sind meine höchsten Bestrebungen.
Vielleicht kann ich sie nicht erreichen,
aber ich kann zu ihnen aufblicken, ihre Schönheit bewundern,
an sie glauben und
versuchen, dem Weg zu folgen, den sie mir weisen.

Louisa May Alcott, Schriftstellerin

Ihre Angestellten und Kinder führen

Keine Befehlshaberin sollte aus Ärger einen Krieg anzetteln.
Keine Generalin sollte aus Wut eine Schlacht beginnen.
Sun Tsu (12.18)

Eine Führungskraft sollte ihren Ärger nicht an ihren Mitarbeiterinnen und Mitarbeitern auslassen, nur weil es ihr an Selbstbeherrschung mangelt, und eine Mutter sollte nicht aus reiner Gereiztheit ihre Kinder bestrafen. Nach allgemeiner Auffassung steht die Arbeit, die in der Familie geleistet wird, in gänzlichem Widerspruch zur Arbeit im Büro. Dem kann ich nur widersprechen, denn die Fähigkeiten, die zu Hause verlangt werden, und die Fertigkeiten, die am Arbeitsplatz gefordert sind, ergänzen einander in meinen Augen. Jede Mutter, die es schafft, ihre Kinder zu befähigen und zu erziehen, kann diese Fähigkeiten leicht auf das berufliche Umfeld übertragen.

Womöglich nehmen Sie Ihren Angestellten und Ihren Kindern gegenüber eine unterschiedliche Haltung ein, wahrscheinlich schlagen Sie auch einen anderen Ton an, aber die Prinzipien der Erziehung, Befähigung, Berichtigung und Schulung sind die gleichen. Wenn Sie wissen, wie Sie Ihre Angestellten in ihren Fähigkeiten fördern und dabei unterstützen können, die Durchführung erfolgreicher Projekte zu erlernen, können Sie diese Kenntnisse auch auf die Kindererziehung übertragen. Sun Tsus Strategien zum Führen eines Arbeitsteams lassen sich ebenso gut auf die Erziehung Ihrer Kinder anwenden.

So führen Sie Ihre Angestellten und Kinder

1. Lassen Sie den Mut nicht sinken

Wenn Sie Ihre Truppen zu häufig belohnen, ist das ein Zeichen dafür, dass Sie am Ende Ihrer Kräfte angelangt sind.
Wenn Sie Ihre Truppen zu oft bestrafen, ist das ein Zeichen dafür, dass Sie mit Ihrer Lage nicht zufrieden sind.
Sun Tsu (9.38)

Für eine ungerechtfertigte Belohnung und Bestrafung Ihrer Truppen kommt nur ein Grund in Frage, nämlich Ihre Unzufriedenheit darüber, dass Sie weder eine klare Richtung vorgeben noch Ihre Angestellten dazu anleiten können, das gewünschte Ergebnis zu erzielen. Konzentrieren Sie sich nicht übermäßig auf Ihre Belegschaft, sondern beschäftigen Sie sich lieber mit sich selbst, um herauszufinden, warum Sie so verzweifelt reagieren.

Meine Freundin Tina und ihr Ehemann Ted besaßen eine Multimedia-Firma. Als der Konkurrenzdruck anstieg, kamen viele Verträge, mit denen sie fest gerechnet hatten, nicht zustande. In der Hoffnung auf das nächste »wirklich große« Geschäft brauchte Ted seine Belegschaft am Arbeitsplatz, denn das Büro sollte nicht leer wirken, wenn potenzielle Kunden zu Terminen hereinkamen. Er wollte den Eindruck vermitteln, dass das Geschäft florierte; niemand sollte bemerken, dass es sich auf dem absteigenden Ast befand.

Fast täglich motivierte Ted seine Leute entweder beiläufig oder ganz offiziell mit aufmunternden Worten. Er lud sie ins Restaurant ein oder brachte Essen mit. Je mehr er sprach, desto schneller kündigten seine Angestellten. Sie schienen seine Verzweiflung zu spüren und beschlossen, das sinkende Schiff möglichst schnell zu verlassen.

In der Zwischenzeit hatte Tina heftige Auseinandersetzungen und Kompetenzstreitigkeiten mit ihrem Geschäftspartner Leo, der für die technische Abteilung zuständig war. Am Ende brach alles zusammen. Bei eingehender Betrachtung dieser Situation musste ich daran denken, wie zutreffend doch die Worte Sun Tsus sind.

Kinder benehmen sich wie Ihre Truppen und Angestellten. Wenn Sie sie zu oft bestrafen, weist das nur darauf hin, dass Ihre Sprösslinge – und nicht Sie – gewonnen haben. In Ihnen bleibt nur ein Gefühl der Verzweiflung und Enttäuschung zurück. Sie werden nicht auf Sie hören und merken genau, dass Sie sie nicht zu lenken wissen. Wenn Sie Ihre Kinder loben und belohnen, obwohl sie es nicht verdient haben, werden sie sehr schnell begreifen, dass sie die Oberhand haben. Lassen Sie sich nicht allzu sehr entmutigen und versuchen Sie nicht verzweifelt, ihre Anerkennung zu gewinnen.

2. Disziplinieren Sie sie zum richtigen Zeitpunkt

Wenn Sie die Kriegerinnen (Angestellten) bestrafen, bevor Sie sie für sich eingenommen haben, werden sie Ihnen nicht treu ergeben sein. Dann werden sie nutzlos für Sie. Wenn Ihnen die Kriegerinnen bereits zugetan sind und keine Bestrafung erfolgt, werden sie ebenfalls nutzlos für Sie.

Sun Tsu (9.45)

Die meisten Führungskräfte verschwenden keinen einzigen Gedanken an die Auswirkungen, die ihre destruktive Kritik auf ihre Angestellten und die Arbeitsmoral im Allgemeinen hat. Wenn man bedenkt, dass Sun Tsu noch nie ein Kommando geführt hatte, als er sein Buch verfasste, erscheint es umso erstaunlicher, dass er genau wusste, wie entscheidend es ist, den richtigen Zeitpunkt für die Bestrafung der Kämpferinnen zu finden, um einen Krieg für sich zu entscheiden.

Dass er derartige Feinheiten zu erkennen vermochte, lässt sich nur damit erklären, dass er ein gutes Gespür dafür entwickelt hatte, wie sich der Zeitpunkt für eine Bestrafung auf eine einzelne Person auswirkt. Wahrscheinlich hatte Sun Tsu diesbezüglich Erfahrungen aus erster Hand mit seinem Sohn oder anderen Familienmitgliedern gemacht. Beobachten Sie, wie ein Mensch auf eine bestimmte Situation reagiert, und Sie werden verstehen, dass die meisten Menschen unter vergleichbaren Bedingungen ähnlich reagieren.

Für Stiefeltern ist diese Strategie von besonderem Belang. Es ist immer schwierig, eine Stiefmutter zu sein. Biologisch gesehen sind Sie mit dem Kind nicht verwandt, und dennoch haben Sie die Verantwortung übernommen, Ihr Stiefkind zu führen, indem Sie den Vater des Kindes geheiratet haben. Den richtigen Zeitpunkt für eine Bestrafung müssen Sie ebenso sorgfältig bestimmen wie Sun Tsu.

3. Lieben Sie Ihre Angestellten wie Ihre eigenen Kinder

Wenn Sie sich um Ihre Truppen wie um Ihre eigenen Kinder sorgen, werden sie Ihnen überallhin folgen. Wenn Sie sie wie Ihre geliebten Söhne behandeln, werden sie Ihnen in den Tod folgen.

Sun Tsu (10.20)

Sun Tsu will keine Kämpferinnen bemuttern, die weder besonders todesmutig noch in der Kriegskunst bewandert sind. Um die Ziele einer Oberbefehlshaberin erreichen zu können, bedarf es einer Truppe von Kämpferinnen, die zwar todesmutig ist, aber zugleich weiß, wie sie ihr Überleben sichern kann. Nur so ist der Sieg zu erringen.

Als Führungskraft gewinnen Sie die Achtung und Loyalität Ihrer Angestellten, indem Sie sie wie Ihr eigen Fleisch und Blut behandeln. Dazu müssen Sie Ihre Leute in ihren beruflichen Fähigkeiten schulen und ihnen zu einer angemessenen Einstellung verhelfen, so dass sie ihre eigenen kühnsten Erwartungen bei weitem übertreffen. Ihre Angestellten richtig zu lieben bedeutet, Sieger aus ihnen zu machen.

Für Sie als Eltern ist es leichter, sich die Liebe Ihrer Kinder zu erkaufen, indem Sie sie mit Geld und materiellen Dingen überhäufen. Dadurch werden Sie aber ihre Kinder verlieren, sobald diese erwachsen sind, denn dann brauchen sie Ihr Geld nicht mehr. Es ist weitaus schwieriger, ihnen Liebe zu schenken, indem Sie ein enges, verständnisvolles Verhältnis zu ihnen aufbauen, das auf echter Kommunikation beruht.

Ihre Kinder zu lieben heißt, sie in ihrer schulischen und akademischen Ausbildung zu fördern und ihnen zu helfen, die komplexen Fragen des Lebens zu verstehen. Denn diese Fragen stellen sich bereits im frühen Alter und werden auch im späteren Leben eine große Rolle spielen. Wenn Sie Ihre Kinder auf diese Art lieben, ist Ihnen die Liebe und Treue Ihrer Sprösslinge bis in den Tod und darüber hinaus sicher.

4. Seien Sie nicht zu liebevoll

Wenn Sie zu zuvorkommend gegen Ihre Truppen (Angestellten) sind, büßen Sie Ihre Autorität ein.
Wenn Sie zu liebevoll zu Ihren Kriegerinnen (Mitarbeiterinnen) sind, verleiten Sie sie dazu, Ihre Befehle zu missachten.
Sun Tsu (10.21)

Wie der amerikanische Komiker Groucho Marx schon sagte: »Es würde mir nicht im Traum einfallen, einem Klub beizutreten, der bereit wäre, jemanden wie mich als Mitglied aufzunehmen.« Es liegt im Geheimnis der menschlichen Natur, dass wir die verachten, die uns übermäßig wohlwollend gegenübertreten. Dies gilt nicht nur für Ihre Angestellten, sondern auch für Ihre Kunden. Wenn Sie zu freundlich zu Ihren Kunden sind, können Sie sie nicht mehr lenken und bedienen. Langfristig werden Sie Ihre Kunden so nicht halten können.

Tammy war im Vertrieb tätig. Ihre Verkaufsphilosophie bestand darin, mit all ihren Kunden eine enge freundschaftliche Beziehung zu pflegen, indem sie mit ihnen persönlichen Klatsch austauschte. Terry, ihre Vorgesetzte, ging die nächtlichen Auslandsgespräche auf ihren Telefonrechnungen durch. Dabei stellte sie fest, dass Tammy Kunden häufig acht bis zehn Mal pro Nacht angerufen hatte, so auch einen Kunden in England. Bisher hatte Tammy vergeblich versucht, diesen zum Zahlen seiner Rechnungen zu bewegen, obwohl er dem Unternehmen nur 1 500 Dollar schuldete.

Terry machte Tammy klar, dass sie die Achtung des Engländers vollkommen verloren habe, weil sie für ihn im Übermaß verfügbar gewesen war. Terry warf ihrer Angestellten vor: »Für diesen Kunden ist Ihre Zeit nicht wertvoll. Er hat den Eindruck gewonnen, dass Sie sich ausschließlich auf ihn konzentrieren. Seit über sechs Monaten haben Sie sich ihm gegenüber durch Ihre unzähligen, langen Telefonate zu nachgiebig gezeigt. Dabei handelte es sich nur um ein einfaches Routinegeschäft.

Wie kommt es, dass Sie ihm so viel zu sagen hatten? Einige der Anrufe dauerten bis zu sechzig Minuten! Ihre Telefonrechnungen belaufen sich auf nahezu 1 500 Dollar. Durch all diese endlosen Gespräche hat er den Respekt vor Ihnen verloren, und nun weiß er, dass Sie schwach sind und er nicht zahlen muss.«

Die Prinzipien, nach denen Sie Ihre Truppen, Angestellten oder Kundinnen führen, sind dieselben Prinzipien, nach denen Sie zu Hause Ihre Kinder anleiten. Seien Sie fürsorglich, aber nicht zu nachgiebig, interessiert, ohne jedoch Ihre Autorität zu verlieren, und mitfühlend, ohne jemals die Disziplin zu gefährden.

Menschen gleichen räuberischen Wesen, die den Dschungel durchstreifen. Unbewusst schätzen sie alle anderen ab und fragen sich: »Wer ist meine Beute, und wem sollte ich besser respektvoll gehorchen?« Eine übermäßige Gutmütigkeit ist der sicherste Weg, Ihr Ansehen bei Ihren Kindern, Angestellten und Kunden zu mindern.

Karen glaubte, mit Liebe seien alle Hindernisse zu überwinden. Sie behandelte ihr Kind mit zu viel Nachsicht und setzte ihm keine Grenzen. Ihr Sohn durfte Drogen nehmen, rauchen, trinken und seine Schularbeiten vernachlässigen, bis er schließlich von der Schule verwiesen wurde. Karen schenkte ihm auch weiterhin ihre Liebe und hörte nicht auf, ihn in allem zu bestärken. Sie gab 100 000 Dollar für seine Aufenthalte in Rehabilitationszentren aus, jedoch ohne Erfolg. Ihr Sohn hatte keinen Antrieb, sich zu ändern. Ob er sich gut oder schlecht benahm, stets behandelte sie ihn auf die gleiche, liebevolle Art. Wenn Ihre Kinder und Angestellten nicht lenkbar sind, dann liegt das nicht an Ihren Sprösslingen oder Ihrer Belegschaft, sondern allein an Ihnen selbst.

5. Verwöhnen Sie sie nicht

*Übermäßige Nachsicht lässt Ihre Leute
zu einer Truppe ungehorsamer, verdorbener Kinder verkommen,
die für niemanden von Nutzen ist.*
Sun Tsu (10.22)

Carl von Clausewitz, ein deutscher Schriftsteller des 19. Jahrhunderts, verfasste das wichtigste abendländische Buch über die Strategie der Kriegsführung. Das Werk trägt den Titel *Vom Kriege*. Darin führt Clausewitz aus: »Eine Armee muss sich von dem für die menschliche Natur charakteristischen Antrieb, zügellos zu handeln, befreien und höheren Ansprüchen – Gehorsam, Ordnung, Regel, Methode – genügen. Eine Armee, die auch unter schwerstem Beschuss ihre üblichen Formationen beibehält, verliert niemals ihren Gehorsam, ihre Achtung und ihr Vertrauen in ihre Befehlshaber und ihre Ausbildung.«

Als Führungskraft oder Mutter befähigen und disziplinieren Sie Ihre Angestellten und Kinder. Zwischen Befähigung und Disziplin verläuft oftmals nur ein dünner Grad. Durch Ertüchtigung wird unter Umständen ein aufgeblähtes, überhebliches Ego geschaffen, während Disziplin häufig dazu führt, dass das Selbstgefühl vorübergehend untergraben wird. Echte Disziplin und Befähigung erlangt ein Mensch dadurch, dass er lernt, sein Ego beständig auf das gewünschte Ziel auszurichten.

6. Führen Sie Ihre Angestellten wie Ihre Kinder

Das Führen einer großen Truppe unterscheidet sich keineswegs vom Führen einer kleinen. Es geht nur darum, Zahlen aufzuteilen.

Sun Tsu (5.1)

Sun Tsu pflegte eine ungewöhnliche Einstellung, was das Führen großer und kleiner Gruppen anbelangt. Diese Haltung verdient eine eingehendere Betrachtung. Lange Zeit wusste ich mit dieser Aussage nichts anzufangen; doch dann begann ich, den Führungsaufbau meiner Großunternehmenskunden gegen den meiner eigenen kleinen Belegschaft abzuwägen und stellte überrascht fest, dass Sun Tsu den Nagel genau auf den Kopf getroffen hat. Es besteht tatsächlich kein Unterschied im Führen großer und kleiner Gruppen. Das Ganze ist nur eine Frage der Größenordnung.

In einem kleinen Umfeld muss jede Einzelheit im Wesentlichen ebenso sorgfältig bedacht werden wie in einer großen Umgebung. Alle Aspekte der Bereiche Marketing, Systemforschung, Buchhaltung und Herstellung sind auch in einem kleinen Umfeld genauestens zu berücksichtigen. Der einzige Unterschied besteht darin, dass in einer großen Firma 200 Leute für die

Buchhaltung zuständig sind und eine Unterteilung in Geschäftsbereiche und Abteilungen erfolgen sollte.

In einem kleinen Unternehmen erledigt nur eine Person die Buchhaltung, aber diese einzige Buchhaltungskraft muss auf ihre Arbeit dieselbe Fähigkeit und Detailgenauigkeit verwenden wie die Abteilung mit 200 Leuten auf die Leitung ihres Großunternehmens. Folglich führen die leitenden Kräfte, die Unternehmen mit 10 000 Angestellten vorstehen, in Wirklichkeit nur eine Handvoll Leute.

Von der obersten Führungsebene ergehen die Anweisungen an die untergeordneten Abteilungen, an die Handvoll Leute auf den untersten Ebenen, wo sie vervielfacht ausgeführt werden. In China sagt man: »Obwohl die Spottdrossel klein ist, besitzt sie doch dieselben lebenswichtigen inneren Organe wie der größte aller Adler.«

Wenn Sie fünf Kinder haben, die Sie übermäßig beanspruchen, können Sie Ihre Situation erleichtern, indem Sie diese Führungstheorie anwenden. Sofern Sie bei der Erziehung eines Ihrer Kinder erfolgreich sind, kann Ihnen dieses Kind bei der Erziehung seiner Geschwister behilflich sein.

Meine Freundin Belinda erzählte mir eine großartige Geschichte, die diesen Punkt verdeutlicht. Sie hatte drei Rottweiler, eine Mutter und ihre zwei Welpen. Belinda brachte die zwei Welpen zur Hundeschule, weil sie nicht gehorchten. Sie gab 1 500 Dollar für die Dressur aus – jedoch vergebens, denn die zwei jungen Hunde hatten absolut nichts dazugelernt.

Belinda beschloss, ihre Strategie zu ändern. Jedes Mal, wenn die zwei Welpen nicht gehorchten, bestrafte sie die Mutter, weil sie ihre zwei Jungen nicht richtig erzogen hatte. Schon bald verfiel die Hündin auf die Idee, dass es ihre Pflicht sei, ihren Abkömmlingen Benehmen beizubringen. Wie durch ein Wunder verwandelten sich ihre Jungen im Nu in zwei wohlerzogene junge Hunde, die sich in der feinen Gesellschaft zu benehmen wussten.

Eine gute Führungskraft weiß, wie wichtig es ist, die entscheidenden Leute erfolgreich zu führen. Dies gilt für das berufliche und private Umfeld, ja sogar für eine Hundefamilie. Dann werden sich am Ende die gewünschten, positiven Ergebnisse einstellen.

7. Verstehen Sie die Dynamik Ihrer Gruppe

Eine fähige Generalin führt eine Million Kriegerinnen, als führte sie eine einzige Frau an der Hand; sie kann beide nach Belieben beeinflussen.
Sun Tsu (11.38)

Diese Strategie ist der vorangehenden sehr ähnlich. Sun Tsu muss diesen Punkt wohl für sehr wichtig gehalten haben, sonst hätte er ihn nicht schon in Kapitel 5 angeführt und in Kapitel 11 nochmals aufgegriffen. Hierbei handelt es sich um die größte Uneinigkeit zwischen der östlichen und westlichen Welt. In den westlichen Ländern legt ein Unternehmen Wert darauf, dass eine Führungskraft in der Vergangenheit möglichst viele Leute geführt hat. Im Alten China dagegen interessierten sich die Befehlshaber dafür, wie viel ein Mensch von der Kunst des Führens versteht, auch wenn er diesbezüglich noch keine Erfahrungen sammeln konnte.

Die Asiaten glauben, dass ein Mensch, der in einem bestimmten Bereich ein großes intuitives Wissen besitzt, in früheren Inkarnationen ein Experte auf diesem Gebiet war. Aus diesem Grund wurde Sun Tsu, ein Bauer, der noch nie eine Armee angeführt hatte, vom König eingestellt, um Wus Armee zu befehligen.

Um eine Million Kriegerinnen anzuführen, muss man – so glaubte Sun Tsu – verstehen, wie ein einzelner Mensch funktioniert. Dabei geht es darum, die menschliche Natur zu begreifen. Wenn eine Million Menschen zusammenkommt, dann besteht die Gruppe nicht aus einer Million Persönlichkeiten, sondern nur aus einer einzigen Persönlichkeit. Sofern Sie es verstehen, einen Menschen zu führen, dann können sie zweifelsohne auch eine Million Menschen als eine Einheit führen. Sun Tsu konnte menschliche Beweggründe mindestens ebenso gut nachvollziehen wie jeder moderne Psychologe. Schließlich geht es bei Strategie vorwiegend um das Führen von Menschen.

Meine Freundin Lila ist mit dem chinesischen Staatsoberhaupt Jiang Zemin persönlich befreundet. Während eines Abendessens unterhielten sie sich darüber, wie China am besten zu führen sei. Jiang Zemin fragte sie: »Wie würden Sie dabei vorgehen?«

Lilas Antwort lautete: »Ich würde die Milliarde Chinesen behandeln, als wären sie mein eigen Fleisch und Blut. Wenn nach diesem Grundsatz verfahren wird, wird China bestens gedeihen.« Sie hat absolut Recht, obwohl sie sich niemals mit Sun Tsu befasst hat. Sie hat lediglich ihren gesunden Menschenverstand eingesetzt.

Die meisten Leute glauben, dass sie für die Elternrolle wie geschaffen sind. Dennoch ist es keine leichte Aufgabe, seinen Kindern eine gute Mutter bzw. ein guter Vater zu sein. Wenn Sie im Bemuttern erfahren sind, haben Sie allen gewöhnlichen Führungskräften, deren Führungsqualitäten ausschließlich auf theoretischem Wissen basieren, viel voraus. Eine hervorragende, kreative Frau wird es verstehen, die Fähigkeit (FA) der Mitarbeiterführung mit den aus der Kindererziehung gewonnenen Erfahrungen geschickt miteinander zu verbinden.

Die Familie spielt
eine entscheidende Rolle in
unserer Gesellschaft und bei
der Erziehung der künftigen Generation.

Sandra Day O'Connor,
Richterin am Obersten Bundesgericht

Widmen Sie sich Ihrer Familie und Karriere

Recht und Ordnung müssen gewahrt werden.
Die Aufgaben, die Arbeit und die Rangfolge
Ihrer Truppen müssen genau festgelegt sein.
Die beruflichen Pflichten sind nach den jeweiligen Kenntnissen
der betreffenden Kriegerin zuzuweisen.
Sun Tsu (1.8)

Die größte Herausforderung einer berufstätigen Mutter besteht darin, den Balanceakt zwischen Hausarbeit und Kindererziehung erfolgreich zu bestehen und dennoch eine hervorragende Leistung am Arbeitsplatz zu erbringen. Eine meiner Freundinnen, die 30 Jahre ihres Lebens der Praxis der Naturheilkunde gewidmet hat, berichtete mir: »Die häufigsten Ursachen von Frauenkrankheiten sind Kinder und Ehemänner.« Es ist doch erstaunlich, dass die größten Belastungen für Frauen im Kreis der Familie entstehen – unabhängig davon, wie viel sie arbeiten.

Für die berufstätigen Frauen, die ihre Abteilungen kreativ, fortschrittlich und flexibel führen, ist es an der Zeit, ihre beruflichen Fähigkeiten auch auf die heimischen Abläufe anzuwenden. Denn heute können Frauen einfach alles haben – einen Ehemann, Kinder und Karriere.

Im Folgenden sind mehrere einfache Schritte aufgezeigt, die Ihnen das Leben erleichtern können:

Die Familie führen

Spielen Sie nicht die Haussklavin

Wer hat denn je behauptet, dass eine Mutter für alles zuständig sein muss? Alle Mitglieder der Familie sind gleich, die ganz kleinen und sehr betagten ausgenommen. Erziehen Sie Ihren Ehemann und Ihre Kinder dazu, sich selbst als eigenständige Einheiten zu begreifen, die für sich selbst verantwortlich sind. Spielen Sie nicht mehr länger die Haussklavin. Dies ist eine hervorragende Gelegenheit, Ihre Autorität als Führungskraft unter Beweis zu stellen.

Wenn Sie von Ihrer Familie nicht respektiert werden, sollten Sie zum Kapitel »Wie Sie eine mächtige Frau werden« zurückgehen und nochmals die Abschnitte unter »Sechs Schritte, eine mächtige Frau zu werden« lesen. Wenn Sie sich schon in Ihrem eigenen Heim keinen Respekt verschaffen können, wie wollen Sie dann die Achtung Ihrer Mitarbeiterinnen und Mitarbeiter gewinnen oder gar eine Führungsrolle im Büro übernehmen? Tatsächlich habe ich schon Eltern kennen gelernt, die vor ihren eigenen Kindern Angst hatten. Unglaublich, aber wahr.

Delegieren ist alles

Für die gemeinsamen Pflichten der Familie erstellen Sie eine Liste der in Ihrem Haushalt regelmäßig anfallenden Arbeiten, beispielsweise Kochen, Geschirrspülen, Waschen, Bügeln, Hausputz, Gartenarbeit usw. Wie im Büro delegieren Sie auch in Ihrem häuslichen Umfeld die Aufgaben an verschiedene Personen. Wenn Sie in der Familie der beste Koch sind, dann übernehmen Sie das Kochen, und Ihr Ehemann oder Ihre Kinder erledigen den Abwasch.

Wenn Ihrem Ehemann das Wäschewaschen besonders liegt, können die Kinder die Wäschestücke zusammenlegen, während Sie bügeln oder die Kostüme und Anzüge zur Reinigung bringen. Die Betten überziehen Sie gemeinsam, und die Einkäufe erledigen Sie mit Ihrem Ehemann oder Ihren Kindern, so dass Sie mehr Zeit miteinander verbringen und genießen können.

Wenn die Mitglieder Ihrer Familie erst einmal darauf trainiert sind, sich für bestimmte Aufgaben zuständig zu fühlen, ist die tatsächliche Erledigung dieser Aufgaben nur mehr ein Kinderspiel. Wesentlich mehr Zeit und Energie müssen Sie darauf verwenden, den Widerstand der Mitglieder, die die ihnen zugewiesenen Aufgaben nicht ausführen, zu überwinden. Vor allem müssen Sie zu Hause durchsetzen, dass sich jedes einzelne Familienmitglied als eine selbstständige Einheit begreift, übernehmen Sie nicht die Rolle der Haussklavin.

Dass alle dazu beitragen, den Haushalt in Schuss zu halten, ist keine freiwillige Sache, sondern Pflicht. Schließlich wollen auch alle in diesem Haus leben. Sie können sich zwar bei den einzelnen Arbeiten turnusmäßig abwechseln, Drückeberger werden jedoch nicht geduldet. Wenn Sie den Kindern erklären, warum die Aufgaben ordentlich erledigt werden müssen, werden sie meist bereitwilligst mithelfen. Entscheidend ist nur, in welchem Licht Sie die Situation darstellen.

Kinderbetreuung tut auch Ihrem Ehemann gut

Wenn beide Ehegatten berufstätig sind und einen Säugling zu versorgen haben, sollten sie sich die Verantwortung für die Pflege ihres Kindes teilen. Auf einem internationalen Flug begegnete ich einmal einem Paar mit einem zehnmonatigen Baby, das wie ich erster Klasse flog. Wie sich herausstellte, war die Ehefrau eine erfolgreiche Führungskraft, während der Ehemann zu Hause blieb und für das Baby sorgte.

Er begleitete seine Frau auf dieser Reise und kümmerte sich um das Baby, so dass sie nicht für längere Zeit von ihrem Kind getrennt sein musste. Er meinte: »Einen Säugling zu umsorgen tut mir wirklich gut, und meinem Kind natürlich auch.« Carly S. Fiorina, die Präsidentin und Vorstandsvorsitzende des Unternehmens *Hewlett-Packard*, ließ verlautbaren, dass ihr Ehemann ein äußerst glücklicher Hausmann sei.

Wenn Sie und Ihr Ehemann keine Zeit für ein Baby erübrigen können, sollten Sie besser nicht schwanger werden, ehe Sie sich einen Babysitter leisten können, der sich um Ihr Kind kümmert. Vernachlässigen Sie Ihre Kleinen nicht, sonst werden auch sie eines Tages zu den unzähligen gequälten Seelen gehören, die auf dieser Welt herumirren.

Halten Sie sich an die zeitlichen Abmachungen mit Ihrer Familie

Auch wenn dieser Ratschlag schon viele Male gegeben wurde und immer noch nicht befolgt wird: Gleichgültig, wie beschäftigt Sie sind, die Zeit, die Sie Ihren Kindern und/oder Ihrem Ehemann verbindlich zugesichert haben, sollten Sie keinesfalls anderweitig verplanen. Wenn Sie die Verabredungen mit Ihren Kindern nicht rigoros einhalten, vergessen Sie sie ein anderes Mal allzu leicht, sobald in der Arbeit irgendetwas vorfällt. Und in der Arbeit wird es immer irgendetwas »Wichtiges« geben, das versichere ich Ihnen.

Wenn Sie die Verabredungen mit Ihren Kindern oder Ihrem Liebhaber verschieben, indem Sie immer wieder einen neuen Termin festlegen, sich entschuldigen, Versprechen über Versprechen geben, die Sie dann wieder brechen, wird – ehe Sie sich's versehen – aus einem einfachen Baseballspiel mit den Kindern automatisch eine übertrieben große Sache, die eine negative Eigendynamik entwickelt, bis Sie schließlich gar nichts mehr im Griff haben.

Ich kannte eine Frau, die im Immobiliengewerbe tätig war. Sobald ein Angebot für einen Immobilienkauf einging, musste sie losziehen. Ihre gesamte Arbeit reduzierte sich auf Immobilienkaufangebote. Da bei Grundstücksverträgen Zeit ein absolut ausschlaggebender Faktor ist, musste sie ihre Angebote stets umgehend unterbreiten. Daher war zu befürchten, dass sie tatsächlich einmal einen Geburtstag ihrer Kinder verpassen würde. Um ihnen diese Enttäuschung zu ersparen, brachte sie ihnen bei, dass sie an jedem Tag Geburtstag haben und dass jeder Tag ein besonderer Tag ist. Sie veranstaltete besondere Feste zu dem alleinigen Zweck, dass die Kinder ihre Lebensfreude zum Ausdruck bringen konnten. Wenn sie also tatsächlich einmal verhindert war und deshalb dieses besondere Ereignis nicht begehen konnte, wussten ihre Kinder, dass jeder Tag als ein besonderer Tag zu sehen ist.

Häusliche Ordnung

Wenn in Ihrem Haus keine Ordnung herrscht und Sie nichts finden können, wenn sich die Rechnungen zwischen all den Zeitungen der letzten Woche auf dem Küchentisch türmen, wird Ihnen die Unordnung sicherlich bald über den Kopf wachsen.

Falls Sie sich nicht selbst zu helfen wissen, greifen Sie einfach auf eines der Bücher über Haushaltsführung zurück. Harriet Schechters Buch *Entrümpeln Sie Ihr Leben* ist ein nützlicher Ratgeber für berufstätige Frauen, die Ordnung in ihr Heim bringen möchten.

Zahlen Sie für Ihre Hausarbeit

Die Haushaltsführung wird vor allem dadurch erschwert, dass Ihre Kinder und Ihr Ehemann nicht ihren Teil zur Hausarbeit beitragen, was wiederum dazu führt, dass Sie Ihre Kinder anfahren und Ihren Mann anschreien. Das Spülbecken quillt von schmutzigem Geschirr über, der Esstisch ist so mit Papieren übersät, dass keine einzige freie Ecke mehr zu finden ist, und die Teppiche im Haus haben seit vier Monaten keinen Staubsauger mehr gesehen. Eine solche Umgebung zehrt zwangsläufig an den Nerven einer berufstätigen Hausfrau.

Die Qualität Ihres häuslichen Lebens wirkt sich unmittelbar auf die Qualität Ihrer beruflichen Leistung aus. Ein chaotischer Haushalt bewirkt, dass sich eine Hausfrau erschöpft fühlt und infolgedessen auch im Beruf überfordert ist.

Wenn Sie Ihre Familie nicht dazu bewegen können, sich am Haushalt zu beteiligen, und der Meinung sind, dass Sie sich weder eine Haushaltshilfe noch einen Gärtner leisten können, dann können Sie es sich mit Sicherheit nicht leisten, auf die Hilfe dieser Angestellten zu verzichten. Indem sie andere dafür bezahlen, die Arbeiten im Haushalt und Garten zu erledigen, erkaufen Sie sich in Wirklichkeit mehr Zeit für sich und zugleich ein gesundes Maß an Harmonie und Frieden für Ihre Familie. Sie kaufen sich ein zusätzliches Quantum an Zeit, das Sie Ihren Kindern und Ihrem Ehemann widmen.

*Siegen wird die, die die
rückhaltlose Unterstützung ihrer Mitstreiterinnen hat.*
Sun Tsu (3.19)

Ein bedeutender hinduistischer Philosoph sagte einmal: »Wer gehorcht, kann befehlen.« Indem Sie sich dazu zwingen, Ihren Kindern und Ihrem Ehemann Disziplin und Regeln aufzuerlegen, machen Sie glücklichere Menschen aus ihnen, und auch Sie werden eine glücklichere Frau sein. Darüber hinaus lässt sich feststellen, dass disziplinierte Menschen zufriedener sind. Lieben Sie Ihre Kinder, aber fallen Sie ihrer Manipulation nicht zum Opfer. Genau darum geht es bei FA.

Letztendlich glauben die Leute doch, dass ein Mann
die einzig wahre Erfüllung ist.
Ich muss sagen, dass mir meine Arbeit mehr Erfüllung gibt.

Prinzessin Diana

Ihre Beförderung

Es sind sechs Arten von Terrain zu unterscheiden:
das günstige Terrain,
der steile Weg,
das unübersichtliche Terrain,
der enge Pass,
die Bergspitze,
das ferne Land.
Sun Tsu (10.1)

In einer idealen Welt würden alle nach ihrer Leistung eingestuft und befördert werden. Am Arbeitsplatz würden sich die Kolleginnen und Kollegen gegenseitig unterstützen, so dass jede/r in ihrem/seinem jeweiligen Fachgebiet glänzen könnte. Aber solange Menschen so sind, wie sie sind, wird sich an der Realität der Firmenpolitik wohl kaum etwas ändern. Wenn Sie wirklich hervorragend und hart arbeiten und dennoch nicht die verdiente Beförderung erhalten haben, sollten Sie vielleicht Ihre firmenstrategischen Fähigkeiten aufpolieren.

Den meisten Menschen verursacht die Unternehmenspolitik weitaus mehr Kummer und Sorgen als ihre eigentlichen beruflichen Aufgaben. Ihre Angst quält sie am Arbeitsplatz, dann nehmen sie sie mit nach Hause, wo sie weiter an ihnen nagt, manchmal sogar die ganze Nacht über. Selbst ein wunderbares Wochenende mit ihrer Familie kann sie ihnen verderben. Ihre mangelhafte Kenntnis der Firmenpolitik löst nicht nur Angst bei ihnen aus, sondern behindert auch ihr berufliches Vorwärtskommen. Wenn Sie die Spielregeln nicht kennen, helfen Ihnen auch Ihre herausragenden beruflichen Fähigkeiten nicht unbedingt weiter; möglicherweise bleiben Sie lange – wesentlich länger, als Sie es verdienen – auf einem untergeordneten Posten sitzen.

Mir geht es nicht darum, die Durchführung Erfolg versprechender firmenpolitischer Strategien zu Ihrem beruflichen Hauptziel zu erheben. Aber allein dadurch, dass Sie sich der grundlegenden Strukturen der Machtkämpfe, die am Arbeitsplatz stattfinden, gewahr werden, haben Sie schon einiges gewonnen: Sie stellen fest, dass Sie die Dinge besser im Griff haben, weniger enttäuscht sind und sich von den Fallstricken, die Ihren Karriereweg säumen, leichter befreien können. Und dadurch verbessert sich Ihre Chance auf eine Beförderung in eine höhere Position.

Auf dieses spezielle Thema ging Sun Tsu nicht ein. Aber da Sie sich zu einer uneingeschränkt innovativen, äußerst flexiblen, ausnehmend kreativen und lebensfrohen Siegerin entwickeln wollen, gibt es keinen Grund, warum Sie sich nicht den Spaß gönnen sollten, Sun Tsus Strategie weiterzuentwickeln. Anhand der oben genannten Prinzipien unterscheidet Sun Tsu zwischen verschiedenartigen Terrains, um seine Truppen unversehrt durch die geografisch ungleichen Gelände zu führen. Mit Hilfe dieser Prinzipien lassen sich auch die verschiedenen Beziehungen in der Arbeitswelt unterteilen, die Sie bei Ihrem Aufstieg auf der Karriereleiter in jedem Büro vorfinden werden.

Nehmen Sie die unten aufgeführten Einteilungen nicht allzu wörtlich. Sie sollen Ihnen nur helfen, Ihr Wahrnehmungsvermögen zu erweitern und Ihren Weitblick zu schärfen.

Sechs Wege, sich seinen Weg durch die Arbeitswelt zu bahnen

1. Das günstige Terrain

Das günstige Terrain kann ich ungehindert betreten und verlassen. Ich kann mein Lager an einem vorteilhaften Standort errichten, der mir eine gute Defensive und Offensive gewährleistet. Durch ein derartiges Gelände lassen sich auch mühelos Vorräte und Truppen befördern, was dem Ausgang der Schlacht förderlich sein wird.
Sun Tsu (10.2)

Ein günstiges Terrain können Sie bedenkenlos betreten und verlassen. Auf das Berufsleben bezogen bedeutet das freundlich gesinnte Kolleginnen, Mentorinnen und ein erstklassiges Arbeitsteam. Ihrer Beförderung steht nichts im Wege, sofern Sie die notwendigen Voraussetzungen erfüllen, und Sie können Ihre gewünschte Position erreichen. Ein günstiges Terrain ist Ihren beruflichen Zielen zuträglich, und es gibt keine unnötigen Hindernisse zu überwinden.

Kollegial eingestellte Mitarbeiterinnen und Mitarbeiter sind jederzeit für Sie da und stehen Ihnen in schwierigen Situationen mit Rat und Tat zur Seite. Von derartigen Beziehungen können Sie nur profitieren, daher sollten Sie den Kontakt zu solchen Menschen suchen und pflegen. Sie müssen sich in keinerlei Hinsicht vorsehen, vorausgesetzt, Sie verfügen über eine gute Menschenkenntnis. Die Motive Ihrer Mitmenschen sollten Sie jedoch stets sorgfältig prüfen.

Die Motive einer/eines Verbündeten:

- Sie/er hilft anderen Menschen bereitwillig und selbstlos, ohne dafür eine Gegenleistung zu erwarten.

- Sie/er hat eine besondere Beziehung zu Ihnen. Sie/er hat einfach einen Narren an Ihnen gefressen. Mein ganzes Leben lang genoss ich die großzügige Unterstützung solcher Menschen. Diesen Frauen und Männern, die zufällig meinen Weg gekreuzt haben, bin ich zu großem Dank verpflichtet.

- Die Erwartung, dass Gleiches mit Gleichem vergolten wird. Sie/er geht davon aus, dass Sie eines Tages eine Position innehaben werden, von der aus Sie ihr/ihm einen Gefallen erweisen können, oder dass Sie etwas besitzen, das für sie/ihn von Wert ist. Häufig wird dies nicht direkt ausgesprochen, verlassen Sie sich daher auf Ihre untrügliche weibliche Intuition.

- Hüten Sie sich vor Täuschung. Es gibt hinterlistige Menschen, die vorgeben, Ihre Verbündete zu sein, während sie in Ihnen aus irgendeinem realen oder eingebildeten Grund eine Bedrohung sehen. Solche Menschen täuschen vor, Sie zu unterstützen, in Wirklichkeit jedoch wollen Sie nur ein wachsames Auge auf Sie haben. Sie verschaffen sich Zugang zu Ihrer Arbeit und Ihren Gedanken, um Sie dann sabotieren und Ihren Niedergang herbeiführen zu können.

Täuschungsmanöver decken Sie auf, indem Sie eine ganz einfache Regel beherzigen: Falls Ihnen Ihre innere Stimme sagt, dass Ihrer »vermeintlichen« Verbündeten nicht zu trauen ist, während Ihr Verstand Sie mahnt, mit anderen nicht so hart ins Gericht zu gehen, zu Ihren Mitmenschen freundlicher und vertrauensvoller zu sein, sollten Sie stets auf Ihre innere Stimme hören und nicht auf das, was Ihnen Ihr Verstand einzureden versucht.

2. Der steile Weg

Der steile Weg ist eine abschüssige Straße,
abwärts leicht zu begehen,
aufwärts schwerlich zu verlassen.
Wenn die Feindin unvorbereitet ist,
können Sie den Sieg durch einen Überraschungsangriff erringen.
Wenn die Feindin auf einen Kampf mit Ihnen vorbereitet ist,
wird die feindliche Armee Sie umzingeln,
und der Rückzug wird Ihnen versperrt sein.
Der steile Weg ist oftmals ein ungünstiges Terrain.
Sun Tsu (10.3)

Manche Arbeitsstellen ähneln steil ansteigenden Straßen. Es ist leicht, einen derartigen Weg zu beschreiten; es geht stetig bergab. Wenn Sie jedoch vorwärts kommen wollen, wird Ihre Reise ständig bergauf verlaufen. Diese Art von Position zeichnet sich dadurch aus, dass Ihnen Ihre Stellung durchaus zugestanden wird, solange niemand etwas von Ihren Zielen ahnt.

Sie müssen Ihre/n Vorgesetzte/n in dem Glauben lassen, dass ihre/seine Position durch Sie keineswegs gefährdet ist. Sobald sie/er von Ihren Ambitionen Wind bekommt, wird sie/er Sie bekämpfen, und Sie haben verloren. Menschen dieses Typs bekleiden eine höhere Machtposition als Sie, und diesen hohen Rang haben sie sicherlich nicht durch ihre sprichwörtliche Freundlichkeit erreicht.

Das Beste aus dem steilen Weg machen:
- Wenn die Person, die Sie auf den steilen Weg geführt hat, eine Koryphäe auf Ihrem Gebiet ist, wenn Sie von ihr alles lernen können, was es über Ihr Metier zu wissen gibt, dann packen Sie die Gelegenheit beim Schopfe und lernen Sie von der Besten Ihrer Branche. Wenn Sie erst zu einer Kapazität auf Ihrem Fachgebiet geworden sind, werden Sie nie mehr auf der Stelle treten.

- Wenn Sie alles gelernt haben, setzen Sie Ihr Arbeitsbündnis womöglich fort. Indem Sie sich mit der tonangebenden Mentorin Ihres Fachs verbünden, gewinnen Sie die öffentliche Zustimmung, und Sie können sich im Glanze ihres Ruhmes sonnen. Außerdem besteht immer die Chance, dass Ihre Vorgesetzte/Lehrerin/Mentorin Sie zur Leiterin einer anderen Abteilung befördern wird oder eine neue Branche oder Position schaffen will, in der Sie glänzen können. Schließlich sind Sie ihre preisgekrönte Schülerin.

- Da Sie von der Besten Ihrer Branche lernen, sind Sie für Ihren Berufszweig von unschätzbarem Wert. Jedes Unternehmen würde Sie als einen großen Gewinn betrachten und alles daran setzen, Sie beschäftigen zu dürfen. Danach können Sie entscheiden, ob Sie sich von Ihrer Lehrerin lossagen möchten, wie es einst der Psychoanalytiker Carl Gustav Jung tat. Nachdem er vom großen Sigmund Freud alles, was er von ihm nur lernen konnte, gelernt hatte, verließ er Wien, um die Freiheit zu haben, seine eigenen Theorien der modernen Psychiatrie zu entwickeln.

3. Das unübersichtliche Terrain

*Dieses Terrain erschwert
sowohl meiner Armee
als auch der Armee meiner Feindin
das Anrücken.
Selbst wenn mich meine Feindin mit einem Köder
dazu verleiten will, mich von der Stelle zu rühren,
darf ich mich nicht bewegen.*
Sun Tsu (10.4)

Diese Art von Terrain birgt viele Hindernisse, beispielsweise geistigen Morast und politische Teilung. In diesem Gelände kann niemand wirklich arbeiten. Wer auch immer den ersten Zug macht, wird verlieren. Lassen Sie sich von Ihrer Feindin zu keiner wie auch immer gearteten Kampfhandlung hinreißen.

In diesem Fall könnte das Terrain eine Umgebung sein, wo durch die Engstirnigkeit der Vorgesetzten oder die Unausführbarkeit eines Projekts eine Atmosphäre geschaffen wird, in der die Niederlage nahezu besiegelt erscheint. Wer auch immer die Initiative ergreift, wird als Erste geköpft werden.

Überlebenstipps:

- Das Terrain ist derart ungünstig, dass auch Ihre persönlichen Bemühungen nichts fruchten werden. Wer es vorzieht, in dieser unzuträglichen Umgebung zu bleiben, statt sich nach etwas Besserem umzusehen, kann nur darauf hoffen, durch Stillhalten überleben zu können. Je mehr Sie unternehmen, desto mehr Ärger werden Sie sich aufhalsen.

- Nichtstun ist jedoch auch keine Lösung. Sie müssen den Anschein einer äußerst arbeitswilligen Angestellten erwecken, dürfen jedoch nichts tun, für das man Sie später verantwortlich machen könnte. Wenn Sie lange genug überleben, könnte sich die Situation zum Besseren wenden – möglicherweise wird eines Tages die Umgebung neu strukturiert werden. Das Schlimmste, was Ihnen passieren kann, ist, dass Sie genug Zeit gewinnen, um eine bessere Stelle zu finden.

4. Der enge Pass

Der enge Pass:
Wenn ich ihn zuerst einnehmen kann,
werde ich den Eingang zum Pass bewachen
und auf meine Feindin warten.
Wenn meine Feindin den Pass bereits besetzt hat
und dessen Eingang sicher überwacht,
werde ich den Rückzug antreten.
Wenn meine Feindin nachlässig ist und den Eingang nicht sichert,
dann werde ich vorstoßen, um den Pass einzunehmen.
Sun Tsu (10.5)

Der enge Pass gleicht dem Felsen von Gibraltar, der den Zugang zum Mittelmeer durch die Meerenge zwischen Spanien und Marokko überwacht. Einst war der Reichtum der Mittelmeerländer der Plünderung preisgegeben, sobald eine Armee von Räubern diese Stelle eingenommen hatte. Sie müssen zunächst den engen Pass besetzen und dann den Eingang sichern, um andere vom Vordringen abzuhalten.

In einer Arbeitssituation gibt es bestimmte Positionen, die der Schlüsselposition der Führungskraft sehr nahe sind, strategisch günstige Positionen (der enge Pass), die Ihnen alle Türen öffnen können. Wenn Sie einen derartigen Posten besetzen, können Sie die Führungskraft von Ihren brillanten Fähigkeiten überzeugen. Falls Sie eine dieser Positionen innehaben, sollten Sie Ihren Posten stets gut bewachen, so dass keiner an Ihre Stelle treten kann, bevor Sie sich beruflich verbessert haben.

Strategien zur Einnahme der Schlüsselposition:
- Wenn der enge Pass bereits besetzt ist, sollten Sie nicht rücksichtslos auf Angriff gehen. Sie werden sonst am gut überwachten Eingang zum Pass getötet werden. Legen Sie sich nicht direkt mit der Person an, die den Pass bewacht. Da diese Person den strategischen Posten innehat, hat sie auch die Macht, Ihnen zu schaden, und genau das wird sie auch tun, sobald sie sich von Ihnen bedroht fühlt.

- In diesem Terrain können Sie nur vorrücken, wenn die Person, die diese Stellung hält, die Bedeutung ihres Postens verkennt und ihn daher nicht verteidigt, indem sie herausragende berufliche Leistungen an den Tag legt. Dadurch läuft diese Person Gefahr, durch eine andere Person ersetzt und besiegt zu werden, und Sie haben freien Zugang zum engen Pass.

5. Die Bergspitze

Wenn ich die Bergspitze besetze,
muss ich einen leicht zu verteidigenden Ort finden,
von dem aus ich die Handlungen meiner Feindin
gut überblicken kann.
Wenn meine Feindin die Bergspitze besetzt,
muss ich den Rückzug antreten oder sie von dort weglocken.
Sun Tsu (10.6)

Kommen Sie Ihrer Gegnerin zuvor, indem Sie vor ihr den Gipfel erstürmen. Suchen Sie sich einen Standort, von dem aus Sie alles, was sich unten abspielt, gut überblicken können. Der Pfad zur Bergspitze ist meist voll dorniger Büsche und schwieriger Pässe, aber wenn Sie es erst einmal bis zum Gipfel geschafft haben, werden Sie Mitglied eines kleinen, exklusiven Klubs.

Auf den Vorstand eines amerikanischen Unternehmens übertragen bedeutet dies, dass die Position der Präsidentin und der Vorstandsvorsitzenden zwischen den einzelnen Vorstandsmitgliedern hin- und hergeschoben wird. Die Vorstandsmitglieder verteidigen diese Positionen, so dass »Leute von außen« nur sehr schwer Zugang finden. Wenn die Bergspitze bereits eingenommen wurde, sollten Sie weder einen Frontalangriff wagen noch zu den Bedingungen der Gegnerin kämpfen.

Wenn Sie zu denen gehören, die den Gipfel bereits belagern, liegt Ihr Hauptbestreben darin, die Bergspitze unter Ihrer Kontrolle zu halten. Am besten erreichen Sie dies, indem Sie sich zu einer fähigen Kriegerin entwickeln und sich selbst in eine Position bringen, in der Sie gegen jede Niederlage gefeit sind. Ihre Strategie? Leisten Sie ausgezeichnete Arbeit und zeigen Sie allen, was wirklich in Ihnen steckt. Schließlich hat es Sie einige Mühe gekostet, es bis zur Spitze zu schaffen, und nun ist es an der Zeit, dass Sie sich Ihrer Verdienste rühmen.

Wenn Sie sich Ihre Spitzenposition nur erschlichen haben und auf keine echte Basis zurückgreifen können, dann haben Sie ein ernsthaftes Problem. Unzählige Paare hungriger Augen sind auf Sie gerichtet, und man wartet nur darauf, dass Sie einen Fehler machen.

Wie steigen Sie von der zweiten zur ersten Position auf? Jeder Mensch hat seine eigene Persönlichkeit, daher gibt es unzählige Wege, zur Spitze zu gelangen. Entscheiden Sie sich für den Weg, der Ihrer Persönlichkeit am meisten entspricht.

Die folgenden Strategien sind sowohl für selbstbewusste als auch für zurückhaltende Menschen gedacht:
- Wenn Sie kein besonders energischer Typ sind und sich in Gipfelnähe befinden, sollte Ihr Ziel zu 200 Prozent darin bestehen, sich für Ihre Vorgesetzte und Ihr Unternehmen einzusetzen. Je mehr Sie arbeiten, desto mehr werden Sie lernen. Scheuen Sie sich nicht vor harter Arbeit. Dadurch werden Sie zur Verfügung stehen, wenn und falls Ihre Vorgesetzte befördert wird oder ihre Stelle wegen eines anderen Postens aufgibt.
Dann werden Sie bereit und fähig sein, diese Position zu übernehmen. Es gibt zwar keine Garantie dafür, dass Sie den Posten auch tatsächlich bekommen werden, aber Sie werden Ihre Chancen auf diese Stelle verdoppeln, indem Sie sich zur fähigsten und qualifiziertesten Kandidatin für diesen Posten entwickeln.

- Wenn Sie ein sehr selbstbewusster Typ sind, sollten Sie zum einen die oben dargelegte Methode anwenden und zum anderen zusätzliche Anstrengungen unternehmen. Dadurch verbessern Sie Ihre Aussichten auf die von Ihnen angestrebte Position, da nur Sie für diese Beförderung in Frage kommen. Hart zu arbeiten kann niemals schaden, aber fähige, arbeitsame Menschen werden nicht immer wahrgenommen und anerkannt.
Manchmal muss man dem Schicksal einfach ein wenig nachhelfen. »Klappern gehört zum Handwerk.« Das sollten Sie unbedingt beherzigen. Präsentieren Sie sich mit einem lauten Hallo, so dass die Machtelite keinesfalls über Sie hinwegsehen kann. Sie müssen durchblicken lassen, dass Sie den Job beherrschen, und in dieser Rolle auch überzeugend wirken.
Die höheren Ränge müssen zu der Überzeugung gelangen, dass es weitaus besser ist, Sie in ihr Team aufzunehmen, als zu riskieren, Sie an die Konkurrenz zu verlieren. Danach werden sie ihr Angebot erweitern und Ihnen einen Platz auf der Bergspitze einräumen, wo sich ihr Lager befindet.

- Auf die Streitkräfte, die gegenwärtig den Gipfel besetzen, dürfen Sie keinesfalls bedrohlich wirken. Ansonsten werden Sie womöglich schnellstens eliminiert. Warten Sie ab. Die Person über Ihnen, der Sie dienen (und auf deren Posten Sie es abgesehen haben), sollten Sie aufrichtig unterstützen. Auch den Leuten unter Ihnen, die Ihnen dienen, dürfen Sie nicht Ihre Unterstützung versagen. Denn das Lob aus ihrem Munde ist Ihr bester Werbefeldzug.

6. Das ferne Land

*Einen Krieg in einem fernen Land zu führen
ist beschwerlich.
Eine solche Schlacht zu schlagen
ist für Sie von Nachteil.*
Sun Tsu (10.7)

Napoleon scheiterte an dem Feldzug, den er gegen Russland führte. Hitler führte Krieg gegen Russland und kam zu Fall. Russland unternahm einen Feldzug gegen Japan, der auf dem Schlachtfeld der Mandschurei in China ausgetragen wurde. Die überlegene russische Armee war nicht in der Lage, die langen Versorgungswege aufrechtzuerhalten und wurde von den unterlegenen japanischen Streitkräften besiegt. Alexander der Große zog in den Krieg, um Indien zu erobern, und erlitt eine verheerende Niederlage. Keine Streitmacht kann in einem fernen Land Krieg führen, ohne sich bis zum Äußersten zu verausgaben.

Auf die Arbeitswelt übertragen ist das ferne Land als die Person zu sehen, die in der Hierarchie wesentlich höher steht als Sie. Hüten Sie sich davor, einen Streit mit ihr anzuzetteln.

Wie erreichen Sie das ferne Land?
- Wenden Sie die Strategie zur Einnahme der Schlüsselposition im engen Pass an.
- Das unübersichtliche Terrain sollten Sie um jeden Preis meiden, wenn Sie es in Ihrem Beruf weit bringen wollen. Wenn Sie sich in dieser Position wiederfinden, sollten Sie sich unbedingt nach einer anderen Stelle umsehen und anschließend Ihren gegenwärtigen Arbeitsplatz kündigen oder sich in eine andere Abteilung verlegen lassen.
- Wenn Sie den steilen Weg vor sich haben, meistern Sie die Situation, indem Sie das Beste daraus machen.
- Beten Sie darum, dass Ihnen das günstige Terrain zahlreiche Freunde bescheren wird.

Eine gewandte Befehlshaberin muss diese
sechs Arten von Terrain gut studieren
und fähig sein, diese Prinzipien entsprechend der
jeweiligen Herausforderung rasch umzusetzen.
Sun Tsu (10.8)

Da Sie die Oberbefehlshaberin über Ihr Leben und Ihre berufliche Laufbahn sind, ist es Ihre Aufgabe, diese sechs Arten von Terrain zu studieren. Wenn Sie auf ein Hindernis stoßen, müssen Sie zunächst herausfinden, in welcher Art von Gelände Sie sich befinden und wie Sie Ihr Vorwärtskommen sichern können.

Dieses Kapitel habe ich nicht geschrieben, um Ihnen aufzuzeigen, wie Sie einen Streit vom Zaun brechen, schließlich geht es bei Kung-Fu auch nicht darum, Straßenkämpfe anzuzetteln. Die bedeutendste Strategie besteht darin, Frieden und Harmonie unter Ihren Mitarbeiterinnen und Mitarbeitern im Büro zu schaffen. Denn Wohlstand gedeiht nur da, wo Harmonie herrscht. Sollten sich Interessenskonflikte dennoch nicht vermeiden lassen, tun Sie gut daran, zu wissen, wie Sie sich selbst verteidigen und sich gegen Feindseligkeiten erfolgreich wehren können. Damit setzen Sie FA auf schöpferische Weise um.

> Feinde sind ja so anregend.
> *Katharine Hepburn,*
> Schauspielerin

Mit Neid am Arbeitsplatz fertig werden

Bauen Sie nicht darauf, dass
Sie nicht das Ziel des Angriffs sein werden.
Sie müssen Ihre Position festigen und
sich geistig darauf vorbereiten,
das Angriffsziel zu sein.
Sun Tsu (8.10)

Wie der große Sufiphilosoph Khalil Gibran einst sagte: »Sie arbeiten, um mit der Erde und dem Geist der Erde Schritt zu halten.« Abgesehen von der finanziellen Gegenleistung, die Sie für Ihre Tätigkeit erhalten, schöpfen Sie aus Ihrer Arbeit auch geistige und seelische Zufriedenheit und die Möglichkeit, mit der Welt in Kontakt zu bleiben. Allein dadurch, dass Sie das Büro mit anderen Angestellten teilen, halten Sie mit dem Geist der Erde Schritt.

Eine Studentin, die vier Jahre lang die Universität besucht, wird allein durch den Besuch der Universität vom Geist der höheren Bildung berührt, selbst wenn sie in ihren Studienfächern nicht gerade glänzt. Hier liegt der Unterschied zwischen einer Abiturientin und einer Hochschulabsolventin – es geht eben nicht nur darum, wie viel Sie gelernt haben, sondern auch um Ihre Teilnahme. Zwar bietet Ihnen Ihr Arbeitsplatz die Möglichkeit, mit der Erde Schritt zu halten, bedauerlicherweise ruft er aber auch erbarmungslose Konkurrenz hervor.

Ich nehme wirklich gerne an Frauenkonferenzen teil. Auf diesen Konferenzen ist der Raum voller positiver und tragender Energien. Was mir jedoch zu denken gibt, ist die Tatsache, dass Frauen sich gegenseitig unterstützen, solange sie sich in einer künstlichen, nichtbedrohlichen Umgebung befinden, beispielsweise bei der Teilnahme an einer Frauenkonferenz oder beim Jachtrennen um den Worldcup, im Berufsleben indessen jedoch dazu neigen, sich gegenseitig das Wasser abzugraben.

Dieses Phänomen habe ich immer wieder beobachtet, von Australien bis Europa, in den Vereinigten Staaten und jenseits des Pazifischen Ozeans, ungeachtet kultureller und geografischer Grenzen. Frauen verhalten sich weltweit nach demselben Muster, am Arbeitsplatz sagen sie sich gegenseitig den Kampf an. Kein Wunder also, dass noch nicht viele Frauen in hohen Positionen zu finden sind.

Bei einem meiner Frauenseminare fragte ich die über 1 000 weiblichen Führungskräfte, die an meinem Kurs teilnahmen: »Wer ist der Feind?« »Ich selbst.« Diese Antwort wurde mit überwältigender Mehrheit vorgebracht, gefolgt von »andere Frauen« und an letzter Stelle »Männer«.

In der Geschäftswelt bekämpfen Frauen einander – für Frauen eine alltägliche Erfahrung. Sie scheinen, zumindest oberflächlich betrachtet, freundlich miteinander umzugehen, während sie es dennoch für notwendig erachten, sich gegenseitig Steine in den Weg zu legen. Damit, so glauben sie, befolgen sie einen Teil der ungeschriebenen Wettbewerbsregel. Sowohl der natürliche weibliche Instinkt als auch die Gesellschaft wollen Frauen einreden, dass ihre Geschlechtsgenossinnen eine Bedrohung für sie darstellen, daher sind sie stets bereit, die weibliche Konkurrenz aus dem Feld zu schlagen.

Die Krebse im Topf

Frauen behindern sich gegenseitig, indem sie nach dem »Krebse-im-Topf«-Syndrom verfahren. Wenn Sie Krebse kochen, müssen Sie Ihren Kochtopf nicht mit einem Deckel verschließen, um zu verhindern, dass sich die Krebse davonmachen. Sobald sich ein Krebs dem Topfrand nähert und versucht, über den Rand zu klettern, werden die anderen Krebse naturgemäß nach dem Ausbrecher greifen und ihn in ihr gemeinsames Verderben zurückziehen.

Es entspricht der menschlichen Natur, diejenigen zu beneiden, die das Spiel des Lebens besser beherrschen als man selbst. Diese Erfahrung hat sicherlich schon jede gemacht. Nur Heiligen und Dummköpfen blieb dieses quälende Gefühl der Missgunst bislang erspart. Aber Neid und Missgunst können Ihnen Ihren inneren Frieden rauben.

Ich kann mich noch daran erinnern, wie sich meine (ehemalige) Schwiegermutter – kurz nachdem ich in den Vereinigten Staaten angekommen war – darüber ausließ, wie sehr sie doch die angenehme Gesellschaft einer jungen Dame, einer einstigen Klassenkameradin meines Ex-Ehemannes Gary, genieße. Da sie viel zu viel Begeisterung für dieses Mädchen zeigte, fühlte ich mich verletzt, als sie über diese unbekannte Person dermaßen ins Schwärmen geriet. Ich hatte das Gefühl, mich mit dieser jungen Frau messen zu müssen.

Seither sind viele Jahrzehnte vergangen, und inzwischen habe ich mein übertrieben neidisches, wettbewerbsorientiertes Verhalten nach und nach abgelegt. Wenn ich heute einer erfolgreichen Frau begegne, sehe ich, wie sich in ihr der vollendete Wille des Universums verkörpert. Ich überlasse mich der göttlichen Weisheit, die diesen Menschen mit Ruhm überschüttet.

Und ich weiß genau, dass auch ich eines Tages an der Reihe sein werde, wenn nach göttlichem Ratschluss der richtige Zeitpunkt dafür gekommen ist. Ich lasse mich von den herausragenden Leistungen eines anderen Menschen dazu anregen, unbedingt mein Bestes zu geben. Wie viel ich auch im Leben erreichen werde, ich bin überzeugt davon, dass mein Schöpfer mich im Augenblick meines Todes ebenso hoch einschätzen wird wie die, die schon vor mir gekommen sind.

Ich habe die Herausforderung meines Schicksals bereitwillig angenommen, und ich werde alles tun, was ich kann, und mir alle Mühe geben, um mein Leben gut zu meistern und der Menschheit zu ihrem höchsten Wohl zu dienen. Heute bin ich froh, wenn ich von anderen »Krebsen« höre, die erfolgreicher sind als ich. »Warte nicht ab. Versuche dein Glück«, sporne ich sie innerlich an.

Um das Jahr 1910 kam die französische Drehbuchautorin Francis Marion in New York City, der größten Filmmetropole der Welt, an, wo sie sich neue Horizonte erschließen wollte. Mary Pickford erkannte sofort ihr großes Talent und bestand darauf, Francis bei ihrem nächsten Film Regie führen zu lassen. Mary Pickford drohte dem Filmstudio damit, dass Sie die Hauptrolle nur spielen würde, wenn Francis Marion bei ihrem Film Regie führte. Dank der Unterstützung Mary Pickfords wurde dann aus Francis Marion eine Weg bereitende Filmemacherin. Francis widmete ihr ganzes Leben der Filmbranche und verhalf unzähligen Filmsternchen – so auch der legendären Greta Garbo – dazu, sich zu herausragenden Filmstars zu entwickeln. Schon immer gab es eine ganze Reihe von Frauen, die sich für ihre Geschlechtsgenossinnen eingesetzt haben, und das werden sie auch weiterhin tun.

Wenn Sie von einigen üblen krebsähnlichen Kreaturen belästigt werden, sollten Sie es mit den folgenden Strategien versuchen:

- Nähren Sie die Illusion, dass Sie sich außerhalb des Topfes befinden.

Ein Krebs kann nur an die Artgenossen herankommen, die sich im selben Topf befinden wie er; desgleichen kann eine Person Sie nur dann mit ihrem Neid verfolgen, wenn Sie es zulassen, dass sie in Ihre Nähe kommt. Je näher Ihnen eine Person kommt, desto wahrscheinlicher ist es, dass sie vernichtende Gedanken gegen Sie hegen kann. Möglicherweise beneiden Sie Menschen wie Winona Ryder oder Elizabeth Dole, die Ihnen fremd sind und in anderen gesellschaftlichen Kreisen verkehren, um ihren Erfolg, aber Sie werden diesen Menschen gegenüber wohl kaum feindselige Konkurrenzgefühle verspüren.

Halten Sie daher unbedingt einen innerlich wie äußerlich großen Abstand zu den aggressiven Krebsen in Ihrer Umgebung. Setzen Sie sich keinesfalls der Bösartigkeit dieser Geschöpfe aus, indem Sie sich mit Ihren Kolleginnen und Kollegen anfreunden oder übermäßig kameradschaftlich mit ihnen verkehren. Je freundlicher Sie sind, desto mehr gleichen Sie einem Krebs im selben Topf. Seien Sie höflich und dennoch distanziert, denn dadurch vermitteln Sie den Eindruck eines rätselhaften und unwirklichen Wesens – Sie befinden sich außerhalb des Kochtopfes, und möglicherweise gehören Sie gar nicht zur Spezies der Krebse.

- Schlagen Sie zweimal zurück, wenn sie zum ersten Mal aus der Reihe tanzt.

Einerseits lehrt uns die Bibel, auch die andere Wange darzubieten, andererseits ist in der Heiligen Schrift auch von »Auge um Auge, Zahn um Zahn« die Rede. Beide Aussagen sind richtig. Wenn ein Kind Sie einmal schlägt, stört es Sie nicht im Geringsten, und vielleicht halten Sie nur zum Vergnügen auch die andere Wange hin. Greift Sie jedoch Ihre Mitarbeiterin hinterhältig an, ist es zuweilen das einzig Richtige, diesem Fehlverhalten gleich von Anfang an Einhalt zu gebieten. Statt die andere Wange darzubieten, schlagen Sie zweimal zurück, und Sie werden niemals in eine Situation kommen, die mit der Zeit üble Ausmaße annehmen könnte, wenn Sie nichts dagegen unternehmen würden.

- Tanzen Sie drei Schritte vor und zwei zurück.

Wenn die oben genannten Strategien für Sie ungeeignet sind, bleibt Ihnen immer noch die Möglichkeit, Ihre Begegnungen mit diesen Krebsen als spirituelle Erfahrung zu werten, die Sie Demut, Toleranz, Leiden und Ausdauer lehrt. Wenn Sie drei Zentimeter Ihres Weges zum Topfrand zurücklegen, während Ihre aggressiven Artgenossen Sie nach unten ziehen und dadurch um zwei Zentimeter zurückwerfen, haben Sie immerhin noch einen ganzen Zentimeter gewonnen. Mit Ausdauer könnten Sie es letztlich ohnehin schaffen, aus dem Topf zu klettern.

- Unterstützen Sie eine Mitarbeiterin.

Obwohl ich Ihnen geraten habe, sich von aggressiven Krebsen fern zu halten, sollten Sie den Gedanken, weibliche Verbündete zu finden, dennoch nicht in Bausch und Bogen verwerfen. Unterstützen Sie doch diese außerordentliche, talentierte Dame, die Ihnen derzeit unterstellt ist. Ja, genau die, von der Sie sich bedroht fühlen. Lassen Sie mich diese Situation aus dem Blickwinkel der Selbsterhaltung heraus beleuchten.

Auch wenn Sie diese Frau nicht unterstützen, wird sie angesichts der Fähigkeiten, die sie nun einmal hat, ohnedies Erfolg haben. Es ist durchaus möglich, dass Ihre Vorgesetzte diese Dame in eine Position befördern wird, die Ihrer Stellung übergeordnet ist. Da ihr Talent nicht zu übersehen ist, springt es jedem – außer Ihnen – förmlich ins Auge. Nur Sie allein weigern sich, es anzuerkennen.

In den Augen Ihrer Vorgesetzten wirken Sie damit wie eine engstirnige, neidische und eingeschüchterte Närrin. Schlimmer noch, diese qualifizierte Frau fühlt sich womöglich von Ihnen enttäuscht, da Sie ihre Befähigung verkannt haben, und tritt eine neue Stelle bei der Konkurrenz an. Von dieser Position aus kann sie zurückkommen und Ihnen Ihr Unternehmen wegnehmen.

Janet war Chefredakteurin bei einer Frauenzeitschrift. Jilian war als dienstälteste Redakteurin bei demselben Verlag tätig. Janet ließ nichts unversucht, um zu verhindern, dass Jilians Fähigkeiten anerkannt wurden. Am Ende machte sie ihr das Leben dermaßen zur Hölle, dass Jilian schweren Herzens eine neue Stelle als Chefredakteurin bei einem neu gegründeten Frauenverlag antrat.

Ich besuchte Jilian an ihrem neuen Arbeitsplatz. Die Finanzlage ihres neuen Unternehmens war ausgezeichnet. Mit ihrer Begeisterung steckte sie all ihre Mitarbeiterinnen in ihrem Büro an, die Arbeitsmoral war dementsprechend gut, und infolgedessen stieg auch die Auflagenhöhe enorm an. Fünf Jahre später wurde Janets Verlag an Jilians Unternehmen verkauft, und im Zuge der Kürzungen wurde Janet entlassen. Nun arbeitet Janet in einer niedrigeren Position bei einer gemeinnützigen Organisation.

Lassen Sie es einfach darauf ankommen und helfen Sie einer anderen Frau. Wer weiß, vielleicht retten Sie Ihre eigene Haut, indem Sie das Richtige tun und das TAO der Unterstützung anwenden.

Wer in der Kriegsführung (des Neides) erfahren ist,
gleicht einer Schlange im Chang-Gebirge;
sie kann den Angriff entsprechend der Richtung,
aus der der Schlag kommt, parieren.
Wenn Sie ihr auf den Kopf schlagen,
greift die Schlange mit dem Schwanz an.
Wenn Sie ihr auf den Schwanz schlagen,
greift die Schlange mit dem Kopf an.
Wenn Sie sie in der Mitte schlagen,
greift die Schlange mit Kopf und Schwanz an.
Sun Tsu (11.34)

Auf Ihrem Weg nach oben werden immer Krebse lauern, die nur darauf warten, Sie herunterzuziehen. Aber wie niederträchtig sie auch sein mögen, solange Sie an Ihrer inneren Einsicht festhalten und sich selbst als die uneingeschränkt innovative, äußerst flexible, ausnehmend kreative und lebensbejahende Siegerin sehen, die Sie sind, kann Sie kein Mensch und kein Umstand zu Fall bringen.

Als Gruppe sollten wir Frauen dazulernen. Wir tun uns selbst einen Gefallen, wenn wir anderen wendigen Krebsen helfen, als Erste dem Kochtopf zu entrinnen, damit diese sich umdrehen und uns allen helfen können, aus dem Kochtopf zu entkommen. Dieses Verhalten steht im Einklang mit TAO und FA.

> Als Frau habe ich kein Heimatland.
> Als Frau bin ich überall zu Hause.
>
> *Virginia Woolf*, Schriftstellerin

Sechs Wege, einer Niederlage zu entgehen

*Es gibt sechs Wege, Ihre Armee
ins Verderben zu stürzen.
Keiner dieser Wege hat mit
zeitlichen oder geografischen Gegebenheiten zu tun.
Das tödliche Schicksal Ihrer Armee ist durch
alle sechs Wege besiegelt,
und das nur aufgrund der Unwissenheit
der Befehlshaberin – Ihrer Unwissenheit.*

Sun Tsu (10.9)

Um Menschen zu führen, muss man nicht nur wissen, wie man einer Niederlage entgeht, sondern auch, wie man den Sieg herbeiführt. Wer denkt schon gerne an die Möglichkeit einer Niederlage? Und dennoch müssen Sie sich zweifelsohne auf einen Hinterhalt gefasst machen, es sei denn, Sie kennen die sechs grundsätzlichen Wege, die zu einer Niederlage führen.

Sechs Wege zur Niederlage

1. Unkenntnis Ihrer Mittel

Wenn die Streitkraft der Feindin zehnmal so groß ist wie ihre, die Befehlshaberin jedoch glaubt, dass ihr Mut ausreicht, um die enorme zahlenmäßige Unterlegenheit auszugleichen, so überlässt diese Befehlshaberin ihre Truppen der Gewalt der Feindin mit derselben Leichtfertigkeit, mit der man Eier gegen einen Stein wirft.

Sun Tsu (10.10)

Wenn Sie die Grenzen Ihrer Mittel nicht genau kennen und ein Projekt übernehmen, das Ihre Möglichkeiten überschreitet, werden Sie scheitern. Dass Sie ein Projekt in Angriff nehmen, mit dem Sie sich überfordern, liegt an den folgenden Gründen:

- *Sie sind ganz versessen darauf, mit Ihrer Leistungsfähigkeit zu prahlen.*
- *Sie brennen regelrecht darauf, befördert zu werden.*
- *In Bezug auf sich und Ihren Aufgabenbereich tappen Sie vollkommen im Dunkeln.*

2. Eine unfähige Vorgesetzte führt qualifizierte Angestellte

Wenn die Kriegerinnen überlegen und die Offizierinnen schwach sind, werden die Befehle und Anordnungen missachtet.
Sun Tsu (10.11)

Jede berufstätige Frau hat wohl ihre Erfahrungen im Umgang mit untauglichen Führungskräften gemacht. Es ist äußerst unbefriedigend und erniedrigend, wenn Sie, eine qualifizierte Mitarbeiterin, einer unfähigen Vorgesetzten Rede und Antwort stehen müssen. Dadurch wird die Arbeit zu einer unerträglichen Qual für Sie. Sie können sich nicht darauf konzentrieren, Ihren Job gut zu machen, stattdessen müssen Sie Ihre gesamte Geisteskraft einsetzen, um Ihre unbedarfte Chefin zu verteidigen oder zu bekämpfen. Die Unfähigkeit Ihrer Vorgesetzten wird die gesamte Abteilung in den Ruin treiben. Im umgekehrten Fall sind Sie selbst diese inkompetente Führungskraft, die sowohl sich als auch ihre Abteilung ins Verderben stürzen kann.

3. Unfähige Belegschaft

Wenn die Offizierinnen überlegen und die Kriegerinnen schwach sind, sind die Offizierinnen während der Schlacht gezwungen, sich in äußerst gefährliche Gefilde vorzuwagen, und sie werden unausweichlich getötet werden. Dadurch kommt es zur Vernichtung sämtlicher Truppen. Wenn eine Befehlshaberin schlecht ausgebildete Kriegerinnen gegen eine gut ausgebildete Feindin antreten lässt, werden ihre Kriegerinnen die Feindin sehen und, dem Wehen des Nordwindes folgend, fliehen.
Sun Tsu (10.12)

Wenn die Führungskraft qualifiziert ist, die Angestellten jedoch nicht in der Lage sind, die geforderten Leistungen zu erbringen, wird nicht nur das Projekt fehlschlagen, sondern auch die Vorgesetzte aufgrund von Überlastung scheitern.

Einmal nahm ich als Rednerin an einer Reise auf einem äußerst luxuriösen Kreuzfahrtschiff, der *Royal Viking Queen,* teil. Auf diesem Schiff reisen im Allgemeinen nur gesellschaftlich und finanziell hoch gestellte Leute. Eine zweiwöchige Kreuzfahrt mit der *Royal Viking Queen* kostet für zwei Personen mindestens 30 000 US-Dollar!

Meine Vortragsreise auf diesem Schiff dauerte einen Monat, und im Verlauf dieser vier Wochen stellte ich fest, dass die gesamte Besatzung durchweg hervorragende Arbeit leistete, und das unter härtesten Bedingungen. Ich fragte den Hoteldirektor: »Wie bilden Sie diese Leute aus? Sie sind dermaßen höflich und zuvorkommend, obwohl die Bedingungen alles andere als günstig sind.« Er meinte dazu: »Wir bezahlen sie gut, und wir stellen nur die besten Leute ein, die von Natur aus die entsprechenden persönlichen Eigenschaften – wie Höflichkeit und Freundlichkeit – für diese Anstellung mitbringen.«

Eine angeborene Bereitschaft, die Arbeit gut zu machen, ist das Erste, was bei der Einstellung zu berücksichtigen ist. Der zweite Punkt besteht in einem ausgezeichneten Ausbildungsprogramm. Wenn Sie nichts in die Schulung investieren und Ihre Belegschaft mit der Arbeit weit überfordert ist, werden sich die Angestellten von den anspruchsvollen Aufgaben (starke Feindinnen) erdrückt fühlen und entweder kündigen oder sich nach einer anderen Arbeit umsehen.

4. Eine Führungskraft, die in ihrer Abteilung keine Harmonie und Einigkeit herstellen kann

Wenn die Befehlshaberin unklug ist,
verbreitet sich Unmut unter den Truppen.
Bei der Schlacht wird jede Kriegerin
ihren eigenen Krieg führen,
statt die Befehle zu befolgen.
Damit ist die Niederlage besiegelt.
Sun Tsu (10.13)

Soll ein Projekt erfolgreich verlaufen und die Abteilung vorwärts kommen, so muss zwischen der Führungskraft und ihren Angestellten ein Gefühl der Zusammengehörigkeit und Harmonie herrschen. Frauen wird nachgesagt, dass sie in höherem Maße als Männer dazu neigen, Streitereien am Arbeitsplatz heraufzubeschwören, indem sie klatschen und üble Nachrede über ihre Geschlechtsgenossinnen verbreiten. Sehen Sie sich also vor, falls in Ihrer Abteilung viele Frauen tätig sind.

Wenn Ihre Vorgesetzte eine heillose Intrigantin ist und an ihren Leuten ständig etwas auszusetzen hat oder Vetternwirtschaft betreibt, dann werden sich die Mitarbeiterinnen und Mitarbeiter dieser Abteilung wohl kaum auf ihre beruflichen Aufgaben konzentrieren können. Stattdessen werden Sie gute Miene zum bösen Spiel machen – ein sicherer Weg zum Misserfolg.

5. Eine Führungskraft ohne echte Autorität

Wenn die Befehlshaberin schwach ist und
sich bei ihren Truppen keine Autorität verschaffen kann,
wenn den Kriegerinnen keine
klar zugewiesenen Pflichten übertragen werden,
wenn innerhalb des Lagers keine Einteilung
oder Ordnung besteht,
werden Chaos und Unordnung herrschen,
und die Niederlage wird unausweichlich sein.
Sun Tsu (10.14)

Ihr beruflicher Titel mag Ihnen zwar Autorität und Macht verleihen, aber damit sind Sie noch lange nicht der Aufgabe entledigt, Projekte zu leiten und Menschen zu führen. Wer den Titel trägt, muss die ihm übertragene Autorität ausüben, um sich Achtung zu verschaffen.

Das Unvermögen, Menschen zu unterweisen, wurzelt häufig in einer inneren Machtlosigkeit. Wenn Sie Ihre Richtung, Ihr Ziel und die Wege, die dahin führen, nicht kennen, wenn Sie in Bezug auf sich und Ihre Umgebung im Dunkeln tappen, wenn Sie sich über die Prioritäten Ihrer Projekte nicht im Klaren sind und den Angestellten Ihrer Abteilung nur eine vage Zielrichtung vorgeben, werden Sie gewiss scheitern. Denn das Chaos wird dermaßen überhand nehmen, dass kein Mensch mehr imstande sein wird, in diesem Umfeld zu bestehen.

6. Eine Führungskraft ohne grundlegende Fachkenntnisse

*Eine Befehlshaberin, die die Stärke
der Feindin nicht richtig einschätzt,
wird mit einer schwachen Streitmacht eine starke Feindin angreifen
und mit ihrer unterlegenen Armee
gegen eine überlegene Streitmacht zu Felde ziehen.
Da sie es versäumt, ihre Truppen angemessen auszubilden,
werden sich keine vorbildlichen Kriegerinnen in ihrer Armee finden.*
Sun Tsu (10.15)

In seinem Werk *Vom Kriege* erklärt Carl von Clausewitz: »Ein Befehlshaber muss nicht wissen, wie man ein Untergestell für ein Geschütz oder ein Geschirr für ein Artilleriepferd herstellt. Er sollte allerdings den Marsch einer Kolonne exakt berechnen können, unter verschiedenen Bedingungen und gemäß der dafür erforderlichen Zeit.«

So muss auch eine Führungskraft nicht wissen, wie die Arbeit in ihrem Büro im Einzelnen zu erledigen ist. Aber sie muss über ihre Konkurrenz hinreichend informiert sein, ihre Grenzen kennen und wissen, wie sie mit ihren Mitteln den maximalen Nutzen erzielen kann. Wenn Ihnen die gesamten grundlegenden Sachkenntnisse für Ihre Tätigkeit fehlen und Sie wie selbstverständlich zur gewohnten Tagesordnung übergehen, dies anordnen und jenes veranlassen, dann müssen Sie sich nicht wundern, wenn eines Tages das Unglück über Sie hereinbricht. Was Sie auch tun oder nicht tun, es wird sich immer als falsch erweisen. Sollte das der Fall sein, so führen Sie Ihre Abteilung und sich selbst in den sicheren Ruin.

Diese Wege führen zu einer unvermeidlichen Niederlage.
Es liegt in der Verantwortung der Befehlshaberin,
dafür zu sorgen, dass diese Wege nicht beschritten werden.
Dies muss sorgfältig bedacht werden.
Sun Tsu (10.16)

Alle sechs Wege zur Niederlage, wie oben beschrieben, beruhen auf menschlichem Fehlverhalten. Und alle sind sie auf einen Mangel an elementaren – beruflichen wie auch menschlichen – Fähigkeiten zurückzuführen. Sun Tsus Führungsqualitäten basieren auf der Vorstellung von einer ausgezeichneten Ausbildung und Disziplin, verbunden mit der Fähigkeit, Ihren Angestellten mit Verständnis und Achtung zu begegnen – auf FA. Obwohl Sun Tsus Werk vor 2000 Jahren geschrieben wurde, können Sie sich selbst und auch andere Führungskräfte in diesen Situationen wiederfinden.

Wer nie verängstigt, peinlich berührt oder verletzt ist, setzt nie etwas aufs Spiel.

Julia Sorel, Schriftstellerin

Siegen ohne Konfrontation: die Kampfstrategie des neuen Feminismus

Die Strategie, die Ihnen den Sieg eingebracht hat, kann nicht unverändert wiederholt werden. Sie sollte den besonderen Umständen der jeweiligen Situation angepasst werden.

Sun Tsu (6.32)

Alle Menschen, die sich für die Sache des Feminismus eingesetzt haben, verdienen unsere uneingeschränkte Anerkennung. Schließlich haben alle Frauen davon profitiert, dass sich diese Verfechterinnen dem feministischen Kampf verschrieben haben, also sind ihnen auch alle Frauen zu großem Dank verpflichtet. Dennoch sind die alten Taktiken mit dem Übergang ins neue Jahrtausend überholt und unbrauchbar geworden.

So ist nun der Frontalangriff als erfolglose Strategie zu werten. Denn am leichtesten ist der Krieg zu führen, der gar nicht erst erklärt wurde. Frauen nehmen keine erkennbare Gestalt mehr an, während die gegnerische Partei leicht auszumachen ist. Frauen tarnen sich zunehmend, während die feindliche Gruppe aufgespürt wird. Frauen werden unsichtbar, während die Konkurrenten eine exponierte Stellung innehaben. Und aus all diesen Gründen sind die alten feministischen Kampfstrategien im neuen Zeitalter veraltet und untauglich.

Warum der Krieg gegen das männliche Geschlecht keine Erfolgsstrategie mehr ist:

- **Gewinnerinnen protestieren nicht**

Nur die Unterlegenen und Besiegten haben es nötig, öffentlich zu protestieren. Um zu siegen, muss eine Frau zunächst den Kampf in ihrem Inneren gewinnen, auch wenn sie keine Anzeichen des Sieges erkennen kann. Vor ihrem geistigen Auge sollte sie stets die Vorstellung vom Siegen haben, und nicht einmal im Traum darf sie daran denken, zur Gruppe der Verlierer zu gehören. Treten Sie dem Klub der Gewinnerinnen bei, statt zu protestieren.

- **Durch Ihre männerfeindliche Haltung bringen Sie sich selbst in eine ungünstige Lage**

Wenn Sie sich (durch Worte oder Taten) öffentlich dazu bekennen, dass Sie Männern verübeln, was sie Frauen angetan haben, so beweist das nur, dass Sie nachtragend sind. Bevor Sie überhaupt eine Chance haben, sich Ihren Platz in der Welt zu erobern, haben Sie sich bereits selbst unnötige Hindernisse in den Weg gelegt. Männerhasserinnen sind nun einmal nicht als wünschenswerte Begleitung für die feine Gesellschaft gefragt, und sie geben auch keine vorbildlichen Führungskräfte in den Unternehmenshierarchien ab.

- **Wenn Sie die Kriegstrommeln schlagen, schneiden Sie sich nur ins eigene Fleisch**

Wollen Sie an einer Sache festhalten, so müssen Sie unentwegt nach Gründen suchen, weshalb Sie Ihre Empörung wach halten und Ihren steten Ärger nähren sollten. Derart feindselige Gefühle zu hegen schadet Ihrer Gesundheit. Damit die Sache nicht an Schwung verliert, darf der Gegenspieler niemals in Vergessenheit geraten, und dadurch werden Sie die Wut über Ihr Opferdasein immer wieder neu entfachen und durchleben.

Infolgedessen erfahren Sie sich zunehmend als Opfer. Sie entwickeln sich zu der Person, als die Sie sich sehen, nämlich zu einem wutentbrannten Opfer. Wer sich in einem fortwährenden Zustand der Aufgeregtheit befindet, ist für die Konkurrenz eine leichte Beute.

Statt die Kriegstrommeln zu schlagen, wäre es wesentlich ratsamer für Sie, friedliche Strategien raffiniert und geschickt einzusetzen, so dass Sie Ihr eigentliches Ziel erreichen: unaufhaltsam vorwärts zu kommen.

- **Durch Kämpfen verweisen Sie lediglich auf Ihr unglückliches Schicksal**
Worte haben Macht. Aus Ihnen wird die Frau werden, als die Sie sich beschreiben. Außerdem kann es von großem Nachteil sein, andere ständig daran zu erinnern, dass Sie das Opfer männlicher Diskriminierung sind. So werden Sie zu Ihrer eigenen schlechten Pressesprecherin, die häufig verlautbaren lässt, dass Sie ein Opfer sind.

Wenn Sie wiederholt auf Ihre unterlegene Position hinweisen, wird man Sie in Gedanken automatisch mit der Frau in Verbindung bringen, die benachteiligt wurde. Und wenn Ihre Verluste noch so groß sind, auf dem Schlachtfeld dürfen Sie niemals aufschreien: »Wie schrecklich! Ich verliere. Mein Feind kämpft mit unfairen Mitteln.«

Ungerechtigkeiten gehören nun einmal zum Leben, und es ist allein Ihre Aufgabe, eine Strategie zu entwickeln, mit der Sie den Krieg gewinnen können. Wenn es um das Siegen geht, ist ein Sieg nun einmal ein Sieg, und Gründe und Ausreden sind nichts weiter als Gründe und Ausreden. Wer eine Niederlage erleidet, sucht nach Gründen und Ausflüchten. Wer den Sieg erringt, braucht keine Gründe und Ausflüchte.

- **Sie säen – und die anderen ernten**
Die Kriegerin, die nicht strategisch vorgeht, trägt die Spuren des Krieges davon, während die anderen mit Orden ausgezeichnet werden. Natürlich können Sie eine Johanna von Orleans werden, die für die Gleichberechtigung der Frauen am Arbeitsplatz einen Kreuzzug unternimmt. Sie können mutig gegen die Benachteiligung von Frauen kämpfen, am Ende jedoch werden Sie diejenige sein, die im Büro bei der Beförderung übergangen wird.

Und es werden niemals die Unruhestifterinnen befördert werden, sondern die anderen Frauen, die sich auf ihre Arbeit konzentriert haben, die ihr Leben vom Standpunkt der Gleichheit aus geführt haben, die keine Diskriminierung wahrgenommen haben, die ausschließlich positive, optimistische Energie verbreitet haben, die Strategien angewandt haben, um schneller vorwärts zu kommen – also diejenigen, die den Gegner mit seinen eigenen Mitteln geschlagen haben.

Im Jahr 1969, als ich gerade in den Vereinigten Staaten angekommen war, konnte ich noch nicht Auto fahren. Folglich musste ich mir einen Arbeitsplatz in der näheren Umgebung suchen, den ich auch gut zu Fuß erreichen konnte. Daher nahm ich eine Stelle als Verkäuferin in einem Modehaus in Las Vegas an. Es gefiel mir ganz und gar nicht, wie der Besitzer, der ein ausgeprägtes Macho-Verhalten an den Tag legte, mit den anderen Mädchen umsprang. Während die anderen jungen Frauen die Toiletten schrubbten, übernahm ich für meine Kolleginnen die Rolle der Beschwerdeführerin. Es vergingen keine zwei Wochen – und schon war ich entlassen. Der Besitzer des Geschäfts hatte an mir »ein Exempel statuiert«, wie seine Strategie gemeinhin bezeichnet wird.

Natürlich kann ich von Glück sagen, dass ich diese Stelle verloren habe und heute kein Modehaus leite. Sie hingegen haben vielleicht eine Anstellung, die Sie nicht so leichtfertig aufgeben möchten. Wenn Sie anderen Frauen in Ihrem Büro helfen wollen, sollten Sie zunächst Ihre eigene Machtposition sichern, ehe Sie anderen leidgeprüften Kolleginnen beistehen. Denn nur eine ausgezeichnete Schwimmerin kann andere vor dem Ertrinken retten.

Dass es Menschen gibt, die gewillt sind, ihr Leben dem Kampf um die Frauenrechte zu widmen und die Kriegsnarben auf sich zu nehmen, ist mehr als anerkennenswert, denn irgendjemand muss ja die unangenehmen Arbeiten übernehmen. Allerdings schwimmt Sahne immer oben. Die Leute, die am meisten von der Frauenbewegung profitiert haben, sind die wenigen professionellen Galionsfiguren der Bewegung.

Während das Fußvolk die Schlachten austrägt, werden die Generalinnen mit Orden dekoriert. Ich möchte keinesfalls zynisch erscheinen, aber bedenken Sie, dass Sie jeden Tag nur ein gewisses Maß an Zeit und Energie aufbringen können, daher sollten Sie praktisch denken und sich fragen: »Was gewinne ich dadurch? Bekomme ich auch ein Stück vom großen Kuchen ab?«

Die Strategien des neuen feministischen Kampfes zielen nicht mehr auf Konfrontation

1. Reisen mit leichtem Gepäck

*Seien Sie so winzig, so klein,
dass Sie nicht zu sehen sind.
Seien Sie so rätselhaft, so unergründlich,
dass Sie nicht zu hören sind.*

Sun Tsu (6.9)

Reisen mit leichtem Gepäck bedeutet im Grunde, mit geringerer Anstrengung schneller vorwärts zu kommen. Wenn Sie in der Welt zügig vorankommen möchten, müssen Sie sich als eine kompakte, kleine Einheit bewegen und auf unnötiges Gepäck verzichten. Da Sie nicht alle Frauen auf Ihrem Weg zur Spitze mitnehmen können, sollten Sie lernen, das Reisen mit leichtem Gepäck zu genießen. Wenn Sie heute eine einflussreiche Stellung erringen, sind Sie morgen in einer wesentlich besseren Position, um Ihren Schwestern den Weg nach oben zu ebnen. Was zunächst egoistisch erscheinen mag, kann sich bei abschließender Betrachtung als wesentlich uneigennütziger erweisen.

Eine Einzelperson ist leichter zu fördern als eine Gruppe von einer Million Menschen. Wenn jede Frau sich hocharbeiten würde, ohne zuvor eine Kriegserklärung abzugeben, indem sie ins

Kriegshorn stößt, könnten es viele Frauen in ihrem Beruf rasch und ohne viel Aufhebens bis ganz nach oben schaffen – und das, ehe man sich's versieht.

Wagen Sie doch einmal folgendes Experiment, wenn Sie das nächste Mal eine belebte Straße entlanggehen: Bei Ihrem Versuch, sich durch Schieben und Drängeln einen Weg durch die Menge zu bahnen, werden Sie auf großen Widerstand stoßen und sich vielleicht sogar einen Schlag ins Gesicht einhandeln. Auf diese Weise würden Sie sich nur übermäßig verausgaben, ohne am Ende viel erreicht zu haben.

Es geht aber auch anders. Sie können ruhig voranschreiten, während Sie mit wachem Blick nach Zwischenräumen suchen und sich dann geschwind vorwärts bewegen, um die erspähten Lücken zu füllen. Diesen Vorgang wiederholen Sie so oft, bis Sie an Ihrem Zielort angelangt sind. Sie werden feststellen, dass Sie zügig vorankommen und die Menge hinter sich lassen.

2. Wählen Sie einen günstigeren Ausgangspunkt

Wer in den Strategien der Kriegskunst erfahren ist,
kann anderen Menschen ihren Willen aufzwingen
und sich davor schützen,
dass ihr der Wille anderer Menschen aufgezwungen wird.
Sun Tsu (6.2)

Lautete Ihr Mantra bisher: »Ich werde benachteiligt!«, dann sollten Sie es, selbst wenn es zutrifft, umgehend ändern und durch das folgende ersetzen: »Ich bin allen ebenbürtig und in meiner Einzigartigkeit beispiellos!« Indem Sie sich innerlich vorsagen, dass Sie gleich und durch Ihre Einzigartigkeit herausragend sind, haben Sie bereits einen Schritt nach vorn gemacht, ohne irgendetwas dazutun zu müssen.

Lösen Sie sich von dem Gedanken, dass Sie sich Ihren Weg zur Gleichberechtigung mühsam erkämpfen müssen, und erklären Sie stattdessen Ihre Gleichheit. Denn dadurch sind Sie bereits am Ziel angelangt. Psychologisch gesehen befinden Sie sich damit sogleich an einem günstigeren Ausgangspunkt.

Die Frauen, die sich nicht als Opfer betrachten, wenden Strategien des Guerillakrieges an. Sie konzentrieren sich vollkommen auf ihre eigenen Erfolgsstrategien. Ohne negative Aufmerksamkeit auf sich zu lenken, erklimmen sie friedlich und unaufhaltsam die Karriereleiter. An der Frauenbewegung sind sie nicht offenkundig beteiligt.

Das Frausein nicht als Nachteil, sondern als Vorteil zu werten, ist für diese Frauen angesichts ihrer realen Situation der einzige Schlüssel zum Erfolg. Und in der Tat ist es ein großes Privileg, eine Frau zu sein. Das ist die Einstellung einer glücklichen, lebensbejahenden Siegerin.

Wenn wir eine vielfältigere Kultur schaffen wollen,
reich an gegensätzlichen Werten,
müssen wir die ganze Bandbreite
menschlicher Entwicklungsmöglichkeiten anerkennen
und folglich eine freiere Gesellschaftsstruktur schaffen,
in der jede ungleiche Gabe
einen geeigneten Platz finden wird.

Margaret Mead, Ethnologin

Wo Himmel und Erde aufeinander treffen

Wenn Sie eine militärische Aufstellung exerzieren,
ist es von entscheidender Bedeutung, Ihre Absicht, Ihre Beweggründe und
Ihre Truppenbewegungen vor Ihrer Feindin geheim zu halten,
so dass selbst die raffinierteste Spionin nicht in der Lage sein wird,
sie zu durchschauen.
Sun Tsu (6.2)

Die Prinzipien von TAO, TIEN, DI, JIANG und FA bekommen Sie in jeder Lebenslage zu spüren, in Ihrem Privat- und Berufsleben sowie in jedem anderen Bereich Ihres Lebens, ja sogar, wenn Sie Musik machen.

Die fünf wesentlichen Elemente des Musikmachens

TAO steht für den schöpferischen Ausdruck der Komponistin

TAO ist die göttliche Inspiration, der gottgegebene Funke der Kreativität. Mit TAO streben Sie nach der vollkommenen Erfüllung Ihres Lebens, und Sie ziehen das Wunder der allgemein gültigen Synchronizität (des zeitgleichen Zusammentreffens von Geschehnissen) auf sich. Voraussetzung dafür ist allerdings, dass Sie sich mit der Ihnen innewohnenden Rechtschaffenheit im Einklang befinden.

TIEN ist das musikalische Timing

Ob ein bestimmtes Musikstück auch tatsächlich ein Verkaufsschlager werden wird, hängt größtenteils vom musikalischen Timing ab. Im Wien des 19. Jahrhunderts waren die Menschen für eine ganz neue Art von Musik, den Walzer, bereit, und so wurde Johann Strauß zum Publikumsmagneten. Und in den sechziger Jahren des 20. Jahrhunderts wartete die ganze Welt auf einen neuen Sound, folglich wurde die Musik der Beatles zum absoluten Renner.

Dı steht für die verfügbaren Instrumente und Künstler, um eine neue Komposition aufführen zu können

Wenn Sie ein Musikstück schreiben, das eine bestimmte Orchestrierung erfordert, jedoch nicht mit den Instrumenten ausgestattet sind, die Sie für die Produktion dieser Musik benötigen, können Sie Ihr Projekt nicht verwirklichen. Als Mozart für seine Oper *Die Zauberflöte* die *Königin-der-Nacht*-Arie schrieb, suchte er nach einer Sopranistin, die das hohe G und F genau wiedergeben konnte. Hätte er keine geeignete Sopranstimme gefunden, dann hätte er seine Komposition ändern müssen.

Jıang ist die Dirigentin, die Leiterin

Die Dirigentin ist die Person, die die Musiknoten so umsetzt, dass sie die Gefühle der Zuhörerschaft ansprechen. Sodann leitet sie das Orchester, das das Musikstück nach ihrer Interpretation spielt.

Fa ist die Ausführung der von der Komponistin verfassten Noten und Rhythmen, die der Interpretation der Dirigentin folgt

Jede Musikerin stellt eine Einheit dar, die sich selbst leitet. Sie muss über hervorragende musikalische Fähigkeiten verfügen, die sie durch diszipliniertes Üben erlangten. Darüber hinaus muss sie sich genau an der musikalischen Strategie der Komponistin und dem musikalischen Ausdruck der Dirigentin orientieren.

Wenn Sie auch nur eines dieser fünf Elemente allenfalls unzureichend beherrschen, kann die musikalische Darbietung kein Erfolg mehr werden. Freilich steckt hinter dem Geheimnis der fünf Elemente wesentlich mehr, als dass man es so leicht erfassen könnte.

Die unendliche Rechtschaffenheit trifft auf das begrenzte Potenzial der Menschen

Vor einigen Jahren überreichte mir eine asiatische Leserin meiner Bücher einen Kristallstein, der mit einer runden Goldfassung versehen war und in der Mitte einen Davidsstern trug. Ich konnte mir keinen Reim darauf machen, warum sie mir ausgerechnet einen Davidsstern gekauft hatte. Aber vielleicht wusste sie ja nicht, dass der Davidsstern das Symbol der jüdischen Religion ist.

Auf irgendeine Weise verströmte dieser einfache Kristall viel Harmonie und Liebe. Von Zeit zu Zeit trug ich diesen Stein, um die Liebe meiner Leserinnen und Leser zu spüren. In den letzten Monaten hingegen fühlte ich mich von diesem Kristall regelrecht angezogen, daher trage ich ihn nun stets um den Hals, selbst wenn ich zu Bett gehe oder ein Bad nehme.

Vor kurzem besuchte ich meine beiden Freunde Susan und Greg Bolt in Portland, Oregon, wo sie zu Hause sind. Susan warf einen Blick auf dieses einzigartige, kleine Schmuckstück und meinte daraufhin: »Diese Halskette ist wie geschaffen für dich. Sie stellt genau das dar, was du sein solltest.«

»Was meinst du damit? Das ist doch der Davidsstern«, antwortete ich.

»Ja, sieh nur, wie das obere Dreieck nach unten und das untere Dreieck nach oben weist. Das bedeutet, dass sich der Himmel bis zur Erde und die Erde bis zum Himmel erstreckt. Das ist die Verbindung zwischen Himmel und Erde, der spirituellen und der materiellen Welt.«

Nun da ich dies niederschreibe, erkenne ich ganz klar, wie passend dieses Schmuckstück doch ist. Rechtschaffenheit entsteht ganz von selbst, sie ist mit der Unendlichkeit verbunden. Ein Potenzial dagegen entwickelt sich aus Planung, es ist mit der Endlichkeit verbunden. Indem man die Unendlichkeit mit der Endlichkeit verbindet, stellt man eine Verbindung zwischen Himmel und Erde her, zwischen der Weiblichkeit und der Gottheit.

Die Prinzipien von Tao und Tien sind ein Teil der unendlichen Rechtschaffenheit; sie werden von dem Dreieck symbolisiert, das sich bis zur Erde erstreckt. Die Prinzipien von Di, Jiang und Fa haben ihren Ursprung im begrenzten menschlichen Potenzial; sie werden von dem Dreieck versinnbildlicht, das sich bis zum Himmel erstreckt.

Potenzial, verknüpft mit Rechtschaffenheit, ist die beste Erfolgsstrategie für Frauen, die im Leben alles verwirklichen wollen, was sie sich wünschen. Allerdings werden diese fünf Elemente sowohl in Ihrem Privat- als auch in Ihrem Berufsleben brachliegen, sofern Sie nicht den erforderlichen Willen aufbringen und die nötigen Anstrengungen unternehmen.

Die heutige Frauengeneration muss sich wohl aus großartigen Seelen zusammensetzen, da sie so reichlich belohnt wird, indem sie diese wunderbare Zeit der Veränderung miterleben darf. Dieses Zeitalter, begleitet von einer weltweiten wirtschaftlichen Neuorientierung, bietet allen Frauen die einzigartige Chance, den für sie geeigneten Platz in der Welt einzunehmen.

Heißen wir diese Zeit des Wandels, diese aufregende, diese wunderbare Zeit willkommen – eine Zeit, in der sich die Machtpositionen verschieben, in der sich der menschliche Horizont erweitert und in der eine Umschichtung des Reichtums erfolgt. In dieser Zeit der Veränderung, die uns nun bevorsteht, werden neue Gesichter auftauchen und neuartige Ideen übernommen werden, während man die alten, unbrauchbar gewordenen Vorstellungen über Bord werfen wird.

Dies ist unsere Zeit, uns auf neue Höhen emporzuschwingen, indem wir die Gelegenheiten nutzen, die unachtsamen Beobachtern bislang verborgen blieben.

*Wir – die neuen Frauen – werden diejenigen sein,
die dazu beigetragen haben,
das menschliche Bewusstsein in Sachen
Gleichheit der Geschlechter weiterzuentwickeln,
die Menschen aus einem Zustand der Unwissenheit zu befreien und
ihnen zu einem aufgeklärten Verständnis
der unverfälschten weiblichen Natur zu verhelfen,
aus »seiner Geschichte« »ihre Geschichte« zu machen,
dass Frauen ihre untergeordnete Position verlassen und
eine wirklich gleichberechtigte Stellung einnehmen,
dass Frauen sich nicht länger mit Nebenrollen zufrieden geben und
stattdessen die herausragenden Hauptrollen
auf der großen Bühne des Lebens spielen werden,
während wir zu dem werden, was wir eigentlich sind,
nämlich grenzenlos innovative, schnell anpassungsfähige, ausnehmend
schöpferische, glückliche und lebensbejahende Siegerinnen,
und das unabhängig davon, ob wir uns für das Tragen von
Glaspantoffeln entscheiden
oder doch lieber die Kampfstiefel nehmen.*

Chin-Ning Chus Biographie

»Chin-Ning« ist der chinesische Ausdruck für »Weg zum Frieden«. Chin-Ning Chu wurde in China geboren. Bereits im Alter von drei Jahren war sie gezwungen, mit ihrer Familie nach Taiwan zu flüchten. Im Jahr 1969 musste sie ihr Zuhause erneut mit nicht mehr als zwei Koffern in der Hand verlassen, und so kam sie in Amerika an, wo sie zunächst mit der neuen Sprache und Kultur zu kämpfen hatte.

Heute ist sie eine namhafte Vortragsrednerin und international erfolgreiche Bestsellerautorin, deren Bücher in über vierzig Ländern gelesen werden. Sie ist die Präsidentin des Unternehmens Asian Marketing Consultants Inc., die Vorsitzende des Instituts Strategic Learning Institute und die Gründerin der gemeinnützigen Erziehungsorganisation Women World Wide.

Mit zehn Jahren sah sie ihr hauptsächliches Lebensziel darin, eine Heilige zu werden. Im Gymnasium wurde sie Novizin in einem katholischen Nonnenkloster, bis ihr Vater sie nach Hause holte. Noch während sie ganztägig an der Universität studierte, arbeitete sie für einige Zeit als Fernsehdarstellerin in Seifenopern und darauf als Vertriebsbeauftragte für ein taiwanisches und zwei europäische Pharmaunternehmen.

Zu Chin-Ning Chus Bestsellern zählen *Gelassen zum Glück* und *China-Knigge für Manager*. Auf fünf Kontinenten preisen die führenden Medien ihre Bücher, unter anderem der amerikanische Fernsehsender *CNN*, große amerikanische und internationale Fernsehshows, die Zeitung *USA Today*, das *Asian Wall Street Jour-*

nal, die *Business Week* (London), die *Financial Times* und die internationalen Ausgaben der Zeitschriften *People Magazin, Marie Claire, Elle, Vogue* und *Harpers's Bazaar*.

Im Verlauf der letzten 20 Jahre inspirierte und beriet Chin-Ning Chu führende Persönlichkeiten der asiatischen, europäischen und amerikanischen Politik und Wirtschaft. Zu ihren Lesern und Kunden gehören der ehemalige englische Premierminister John Major, der US-Senator Jack Kemp, der ehemalige US-Außenminister James Baker, der malaysische Premierminister Dr. Mahathir, Herr Chen Shui Bin, der Präsident der Volksrepublik China, und zahlreiche Präsidenten und Vorstandsvorsitzende der größten US-Unternehmen.

Chin-Ning Chu stellt die kriegerische Philosophie als wichtigstes Mittel vor, um strategisches Denken im Geschäftsleben und Alltag zu meistern. In jedes Thema, das sie anspricht, lässt sie die verschiedenen Elemente der Stärke, der Strategie, der Philosophie, des pragmatischen Unternehmens und des persönlichen Wachstums einfließen.

Sie verbindet zeitlose östliche Weisheit mit westlichem Pragmatismus zu einem dynamischen Rüstzeug, das greifbare Ergebnisse liefert, um den sich stets wandelnden Herausforderungen des Lebens gewachsen zu sein. Chin-Ning Chu gilt als herausragende Kapazität auf dem Gebiet der Strategie, wie sie Sun Tsu in seinem Traktat *Die Kunst des Krieges* dargestellt hat. Für die Fernsehsendung *Sun Tzu's Art of War, Discovery Television – Great Books Series* fungierte sie als Hauptkommentatorin. Wenn Sie ihre Werke studieren, werden Sie feststellen, wie Ihnen das strategische Denken dazu verhelfen kann, eine uneingeschränkt innovative, schnell anpassungsfähige, ausnehmend kreative und lebensfrohe Siegerin zu werden.

Weitere Titel im
Heinrich Hugendubel Verlag

Dagmar
Kohlmann-Scheerer

Von der Kollegin zur Vorgesetzten

Ein starker Aufstieg

Dagmar Kohlmann-Scheerer
Von der Kollegin zur Vorgesetzten
Ein starker Aufstieg
224 Seiten, Broschur, ISBN 3-7205-2334-9

Lust auf Karriere!

Weibliche Kompetenz wird in den Führungsetagen immer deutlicher – und umso öfter sehen sich Frauen, die innerhalb eines Teams aufsteigen und plötzlich zur Vorgesetzten werden, mit Veränderungen und Schwierigkeiten konfrontiert. In einer solchen Situation müssen die Beziehungen zu Kollegen, Chefs und Partnern neu definiert werden, denn Konkurrenz, Neid, destruktive Freundschaftsmuster und die »gläserne Decke« lassen den beschlossenen Aufstieg oft zu einem Hürdenlauf werden. Ob es um Vorurteile geht (»Ich arbeite lieber mit Männern«) oder falsche Erwartungen (»Du bist gar nicht mehr so nett wie früher«) – Dagmar Kohlmann-Scheerer zeigt, welche Herausforderungen und Fallen in der Veränderungen stecken und wie Frauen sie am besten bewältigen können. Zudem bietet sie Lösungen und Tipps für das neue Rollenverständnis und den »richtigen Riecher« im Umgang mit den Kollegen.

ARISTON

Karin Gante
Ein starker Auftritt
Schnelle Selbsthilfe für Frauen, die überzeugen wollen
192 Seiten, Broschur, mit ca. 60-min. Audio-CD
ISBN 3-7205-2291-1

Dieses Lese- und Hörset gibt Frauen auch noch fünf Minuten vor einem Auftritt im beruflichen oder privaten Rahmen praktische Tipps und Übungen an die Hand, um die Herausforderung stark und mit Erfolg zu meistern.

Die Trainerin Karin Gante berücksichtigt nicht nur die psychologischen und fachlichen Tücken eines Auftritts. Sie zeigt auch, wie Sie sich dabei am besten präsentieren und körperlich wohl fühlen. Denn eine Frau, die etwas zu sagen hat, sollte auch überzeugen können.

SPHINX

RIENTS RITSKES

Der ZenManager

Rients Ritskes
Der ZenManager
*gebunden mit Schutzumschlag,
136 Seiten, ISBN 3-7205-2246-6*

Innere Ruhe, Ausgeglichenheit, Verständnis für andere Menschen, Erkenntnis des Wesentlichen, Schlagfertigkeit ... Zen und Management haben in ihren Basisprinzipien viel gemeinsam.
Im *ZenManager* stellt Rients Ritskes diese beiden Themenfelder ganz bewusst zusammen und zeigt, wie der moderne Manager durch Zen-Übungen zu einer intensiveren Wahrnehmung seiner Umgebung und damit zu einer effektiveren Einflussnahme gelangen kann.
Besseres Verständnis der Bedürfnisse seiner Mitarbeiter oder die sensiblere Einschätzung der Situation während einer Verhandlung können die Ergebnisse im gesamten Arbeitsprozess entscheidend verbessern.

ARISTON

Spencer Johnson
Das Glücksprinzip
80 Seiten, gebunden mit Schutzumschlag
ISBN 3-7205-2352-7

»Solange ich in der Gegenwart lebe,
werde ich für immer und ewig glücklich sein:
denn Gegenwart ist immer.«

Spencer Johnson erzählt von der Suche eines Menschen nach dem kostbarsten Geschenk seines Lebens – nach sich selbst. Auf seiner spannenden Reise erfährt dieser Mensch Erstaunliches: er lernt, die Balance in seinem Leben zu halten und das flüchtigste aller Gefühle, das Glück, zu begreifen.

Eine zauberhafte Parabel über die Suche nach dem
kostbarsten Geschenk des Lebens.

ARISTON